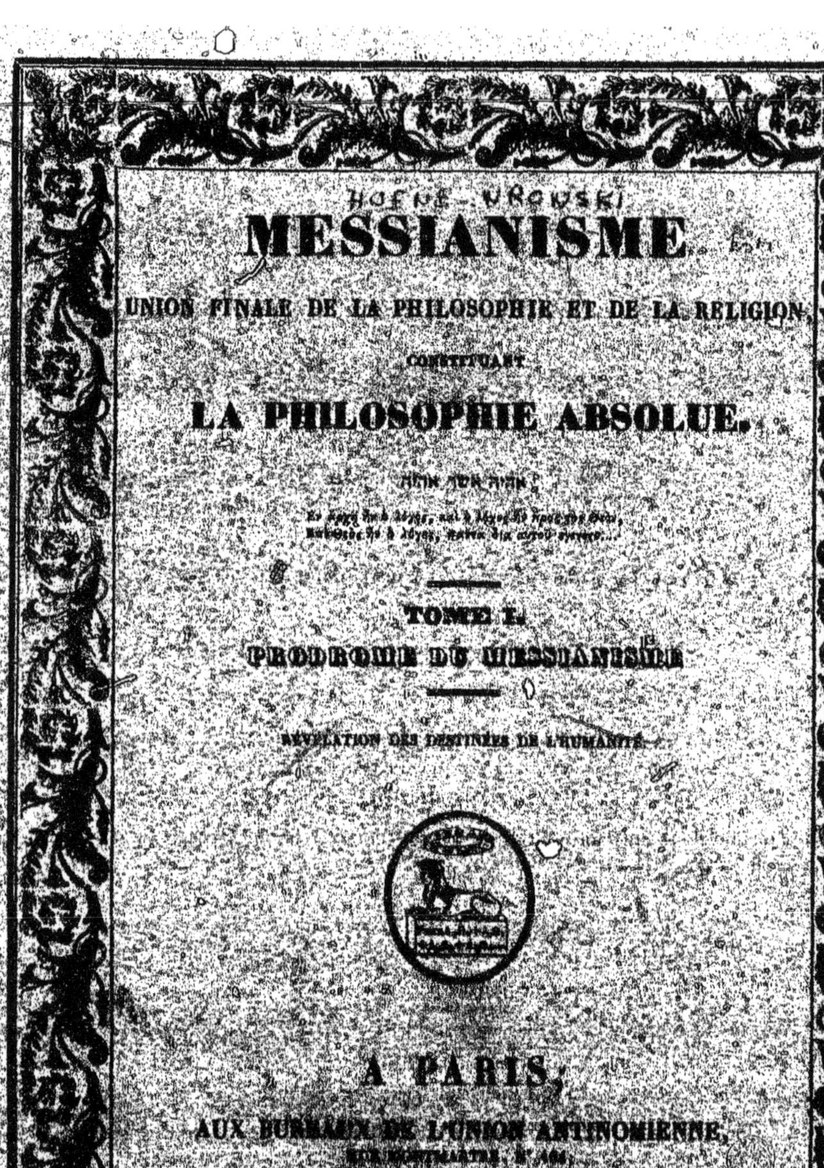

MESSIANISME

UNION FINALE DE LA PHILOSOPHIE ET DE LA RELIGION,

CONSTITUANT

LA PHILOSOPHIE ABSOLUE.

אהיה אשר אהיה

Ἐν ἀρχῇ ἦν ὁ λόγος, καὶ ὁ λόγος ἦν πρὸς τὸν Θεόν,
καὶ Θεὸς ἦν ὁ λόγος, πάντα δι' αὐτοῦ ἐγένετο...

TOME I.

PRODROME DU MESSIANISME

RÉVÉLATION DES DESTINÉES DE L'HUMANITÉ.

A PARIS,

AUX BUREAUX DE L'UNION ANTINOMIENNE,
[illegible]
[illegible]

[illegible]

PROTOTYPE DU SAVOIR HUMAIN.

(PLANCHE CI-CONTRE.)

Tout système du savoir humain, scientifique ou philosophique, ne peut s'établir que par l'application immédiate de la loi de création à cet ordre de réalités, physiques ou intellectuelles. Il en résulte, dans chaque science et dans la philosophie elle-même, TROIS LOIS PRIMITIVES, constituant, l'une la loi suprême, l'autre le problème universel, et la troisième le concours téléologique entre les élémens hétérogènes de cet ordre de réalités. — C'est l'établissement de ces lois qui servira de base à la législation péremptoire des sciences et de la philosophie.

Or, dans les mathématiques, dont l'application est d'ailleurs universelle, les vérités sont douées du haut caractère d'évidence, formant une espèce de certitude absolue, et par conséquent de révélation divine; et elles servent ainsi de modèle à toute autre production intellectuelle. Donc, le système philosophique de ces vérités, tel qu'il est établi dans nos ouvrages mathématiques, en offrant *[illegible]* l'application de la loi de création, forme, [illegible] dans les trois lois primitives, représentées dans la planche ci-contre, le PROTOTYPE DU SAVOIR HUMAIN, qui servira [illegible]. — La première et la seconde de ces lois sont [illegible] dans nos ouvrages; la troisième le sera aussitôt que les [illegible] *nombres*, [illegible] entre les [illegible] de leur science.

LEX SUPREMA
$Fx = A_0\,\Omega_0 + A_1\,\Omega_1 + A_2\,\Omega_2 \ldots\ldots$
τελείωσις
$x^m \equiv a\ (mod = M)$
PROBLEMA UNIVERSALE
$0 = fx + x_1 f_1 x + x_2 f_2 x \ldots\ldots$

MESSIANISME

UNION FINALE DE LA PHILOSOPHIE ET DE LA RELIGION,

CONSTITUANT

LA PHILOSOPHIE ABSOLUE.

אהיה אשר אהיה

Ἐν ἀρχῇ ἦν ὁ λόγος, καὶ ὁ λόγος ἦν πρὸς τὸν Θεόν,
καὶ Θεὸς ἦν ὁ λόγος, πάντα δι' αὐτοῦ ἐγένετο....

TOME I.

PRODROME DU MESSIANISME

RÉVÉLATION DES DESTINÉES DE L'HUMANITÉ.

A PARIS

IMPRIMERIE ET FONDERIE DE G. DOYEN,
RUE SAINT-JACQUES, n° 38.

SEPTEMBRE 1831.

Note. — Dans quelques feuilles, à la page 62, manquent, dans la note, les deux derniers mots : *et qui*, servant de lien à la suite de cette note, qui est à la page 63.

AVANT-PROPOS.

Il apparait aujourd'hui, dans le monde civilisé, un phénomène politique, aussi singulier dans sa production qu'il peut être funeste dans ses résultats. Tout s'y déploie avec une brillante apparence d'éclairer et d'avancer la civilisation; et au fond, tout y marche vers l'extinction des lumières, philosophiques et religieuses, et vers la chute de l'espèce humaine.

C'est la France qui présente à l'Europe cet effrayant phénomène dans sa grande révolution politique. — Une des nations les plus éclairées du monde, distinguée par son enthousiasme pour tout ce qu'il y a de grand chez l'homme, s'élance, avec ardeur, pour accomplir les destinées de l'humanité, et n'arrive, avec certitude, qu'à l'anéantissement des fins mêmes de la création. — Ce noble prestige, offrant, par ses dehors, un glorieux exemple aux autres peuples, et étant appuyé de la force matérielle de la France, menace ainsi le monde civilisé d'une ruine inévitable, et présage hautement que l'espèce humaine va perdre le fruit de ses longs travaux.

C'est à cette critique époque que, peut-être par une voie providentielle, apparait aussi le MESSIANISME, au milieu même de la France. — Son but principal est de diriger l'espèce humaine vers ses véritables destinées; et par conséquent, son but accessoire, sans qu'il cherche néanmoins à l'atteindre directement, sera d'éclairer les hommes sur l'abime où les conduit le dangereux abus que l'on veut faire des principes, d'ailleurs si sacrés, de la révolution française.

Déjà, dans ce prodrome du messianisme, par lequel commence la publication de cette doctrine absolue, l'ensemble des destinées de l'espèce humaine se trouve dévoilé; et l'on peut y découvrir, tout à la fois, et le majestueux résultat auquel doit amener le développement éclairé de ces grands principes politiques, et l'affreux précipice où ira s'engloutir l'humanité en suivant la fausse direction qui est imprimée à ce développement.

Mais, par quelles raisons extraordinaires ce progrès de l'humanité, si urgent et si naturel en lui-même, se trouve-t-il détourné de sa véritable tendance par la révolution française? — Il en existe deux majeures : la première est que ce progrès de la civilisation appartient proprement à la réformation religieuse par le protestantisme, et qu'il se trouve ainsi tout-à-fait étranger à la nation française, qui, par d'exécrables violences, fut empêchée, durant trois siècles, de prendre part à cette nouvelle marche de l'esprit humain; la seconde est que, par suite des moyens que l'on a employés, d'abord, pour détourner cette noble nation de cette marche progressive, et ensuite, pour l'y précipiter tout-à-coup, la vraie philosophie fut entièrement éteinte en France, dans ce pays, jadis si éclairé, qui a donné Descartes au monde, et qui par là, comme nous le prouverons d'une manière positive, a contribué si puissamment à l'existence des lumières modernes, dont il est lui-même privé aujourd'hui par une si singulière fatalité. En effet, si la haute tendance vers l'émancipation de la pensée de l'homme, qui est le caractère de la civilisation actuelle de l'Europe, n'a pas été préparée en France par trois siècles de culture intellectuelle, et si de plus, par des moyens contraires à cette lente culture de la raison humaine, tout savoir philosophique a été expulsé de ce beau pays, tour à tour, par le parti religieux, pour entraver les progrès de la philosophie, et par le parti philosophique, pour repousser l'influence religieuse, il est manifeste que cette émancipation de la raison de l'homme, que l'Europe cherche à conquérir depuis trois siècles, a dû dégénérer en France, et aboutir à une dangereuse émancipation de la volonté humaine, par son affranchissement de ses salutaires et éternels liens moraux.

Au fait, comme cela est déjà constaté en partie par une absence continue de toute découverte FONDAMENTALE, dans les sciences et dans la philosophie, absence qui, malgré le génie de ses laborieux savans, est le sort de la France depuis la réformation, il est constant, par ses doctrines positives, politiques et religieuses, qu'il n'existe plus aujourd'hui aucune vérité philosophique dans ce pays, et par conséquent, que les hautes destinées de l'homme y sont entièrement méconnues. Et cependant, par un singulier contraste, il n'existe pas de nation au monde qui soit plus apte à une culture élevée de l'esprit humain, ni plus dévouée aux intérêts augustes de l'humanité. — La cause en est dans l'infernal abus politique qui, durant les trois derniers siècles, a été fait des grandes qualités de cette nation illustre; et son effet immanquable, par suite de la contagion d'un tel débordement révolutionnaire, serait aujourd'hui, après une extinction complète de tout savoir supérieur chez l'homme, un relâchement universel des lois morales, et sa funeste conséquence, la destruction du monde civilisé.

Ce sont ces fatales vérités que la doctrine du messianisme démontrera rigoureusement, et qu'elle laisse déjà entrevoir ici, dans ce prodrome qui doit la précéder dans le monde. — On verra, en effet, dans ce prodrome du messianisme, en comparant les destinées probables de la révolution française avec les véritables destinées de l'espèce humaine, telles qu'elles se trouvent ici dévoilées, que les vues principales de cette sanglante révolution, celles de faire triompher exclusivement le parti libéral, qui en ont été et en demeurent encore la direction dominante, sont tout-à-fait fausses, et conduiraient infailliblement aux suites les plus désastreuses pour l'humanité. Nous pouvons affirmer que même les fauteurs les plus outrés de la révolution française, lorsqu'ils auront approfondi les vérités qui sont produites dans ce prodrome du messianisme, reconnaîtront eux-mêmes leur funeste erreur, à moins qu'un bandeau de libéralisme, formé par un abrutissement intellectuel, ne les empêche de voir ces vérités, ou qu'un compromis moral ne les retienne de se les avouer.

Mais, avant même de fournir cette preuve décisive et irrécusable, telle que la présente incontestablement le prodrome que nous publions aujourd'hui, déjà, dans une lettre circulaire qui a accompagné le *Prospectus du Messianisme*, nous avons pu établir, avec une présomption suffisante, cette même preuve de la non existence actuelle de hautes vérités philosophiques en France, par deux faits, également positifs et concluans. Ce sont : l'un, la LICENCE ABSOLUE de la presse, qui s'y manifeste tous les jours, en attaquant, avec autant de mauvaise foi que d'ignorance, tout ce qu'il y a de sacré pour l'homme (*); et l'autre, l'IMPUNITÉ DIDACTIQUE de soi-disant prédications religieuses, qui, avec autant de stupidité que de perversion, veulent aujourd'hui changer en France les éternelles lois de la morale. En effet, une telle licence de la presse, qui met à la merci de tout scribe les plus graves intérêts de l'humanité, ne peut s'établir que là où il n'existe aucun savoir supérieur pour la dompter; et de telles innovations soi-disant religieuses, qui, sans produire aucune, absolument aucune idée nouvelle, ne font qu'un mélange hideux et contradictoire d'idées connues et établies depuis long-temps, ne sauraient ainsi défier victorieusement la France de réfuter leur palpable manque de tout savoir et leur manifeste fourberie, s'il existait réellement des vérités philosophiques dans ce pays.

Toutefois, ces abus mêmes de la presse et des innovations religieuses décèlent une haute tendance philosophique dans la nation française, en considérant l'esprit de droits de la raison et de progrès de l'humanité, qui préside à ces abus, mais qui, à défaut d'une direction supérieure, ne peut naturellement enfanter que des erreurs. Cette tendance rationnelle et cette lutte contre tout empiétement sur les prérogatives de l'être raisonnable, s'exercent même en France avec un si manifeste dévouement aux intérêts de l'humanité que l'on est forcé d'en admirer l'intention, et que l'on maudit l'influence infernale qui, durant trois siècles, a empêché cette nation si supérieure de participer efficacement aux progrès de la civilisation, dans la carrière éclairée que la réformation religieuse du protestantisme a ouverte à l'Europe moderne. Nous osons affirmer que, sans la Saint-Barthélemi, l'apostasie forcée de Henri IV, et l'impolitique révocation de l'édit de Nantes, la France, en suivant l'essor élevé qu'elle venait alors de prendre, dans la direction du protestantisme, et en tempérant ce dangereux essor par son profond sentiment, moral et religieux, aurait

---

(*) On nous comprendrait mal si l'on croyait que nous parlons ici de la presse en général. Nous savons très bien distinguer et apprécier ce que la presse française produit de véritablement digne de sa destination. Nous ne pouvons nécessairement parler ici que des ABUS DE LA PRESSE, abus qui malheureusement sont aujourd'hui si nombreux en France que le malentendu que nous cherchons ici à faire éviter, devient possible.

déjà accompli, du moins en grande partie, les destinées qu'il nous reste actuellement à atteindre, telles que nous les dévoilons dans ce prodrome du messianisme.

Aussi, malgré son erreur momentanée et en quelque sorte contraire à sa volonté, comptons-nous essentiellement sur cette haute tendance philosophique de la nation française, pour réaliser les vues nouvelles et si augustes qui se présentent aujourd'hui à l'humanité. Nous comptons sans doute tout autant sur le concours des autres nations éclairées; mais, nous espérons que la France, qui a acquis, pour ainsi dire, le privilège de se dévouer pour l'humanité, marchera maintenant à la tête de cette nouvelle civilisation européenne. Si nos espérances étaient trompées, ce serait un grand malheur : il faudrait suspendre ces progrès des lumières; il faudrait même retourner en arrière de plus de vingt siècles, et ériger de nouveau l'héroïsme militaire en suprême réalité, aujourd'hui où, après une si grande élévation de la raison humaine, cette vertu sociale ne peut plus avoir, pour l'humanité, qu'une valeur relative, d'un ordre très inférieur, et ne saurait plus former, pour l'homme, qu'un mérite aussi peu glorieux qu'il est peu digne de l'être raisonnable.

DÉCLARATION DE L'AUTEUR DU MESSIANISME.

Dans la position où il a plu à la Providence de placer l'auteur, en le laissant pénétrer dans le sanctuaire de la création, il a deux devoirs à remplir envers les hommes : l'un, de leur transmettre ces vérités absolues; et l'autre, d'en détacher toute vue qui lui serait personnelle. Or, cette transmission de la vérité est déjà opérée en partie dans l'ouvrage présent; et quant aux vues personnelles, il espère que tout homme qui aura approfondi cette doctrine absolue, comprendra que l'auteur d'une telle doctrine ne peut avoir d'autre but que celui du salut de l'humanité. En effet, quel prix peut avoir à ses yeux le suffrage des hommes? Que peuvent-ils lui donner? C'est lui au contraire qui, dans ce moment, est dépositaire de leur sort, comme cet ouvrage va le prouver.

Quelque glorieuse que soit la tâche des grands réformateurs du genre humain, l'auteur ne saurait y aspirer. — Il ne s'agit pas cette fois-ci de faire prévaloir telle ou telle autre vérité partielle, plus ou moins importante, pour faire avancer, d'un ou de plusieurs pas, les progrès de l'espèce humaine. Il s'agit actuellement de la vérité toute entière, de la vérité absolue, qui doit enfin être révélée à l'humanité. Et, sans aucune exagération, le dépositaire de cette vérité absolue peut dire, comme le marquis de Posa dans le Don Carlos de Schiller : « Ce siècle n'est « pas mûr pour mon idéal, j'appartiens aux siècles à venir! »

Aussi, ne pourra-t-il révéler aujourd'hui que ce qui peut déjà intéresser ses contemporains, en ne dépassant point la sphère de leur culture intellectuelle. Toutefois, et il se fait gloire de vivre à une époque si avancée, cette sphère de la raison humaine est déjà assez étendue pour recevoir les germes indestructibles de tout l'avenir de l'humanité. — C'est donc au seul dépôt de ces germes sacrés, d'où doit éclore l'éternité de l'homme, que le dépositaire de ces vérités absolues bornera nécessairement ses vues personnelles. Et c'est aux hommes eux-mêmes qu'il appartiendra de cultiver le développement ultérieur de ces grandes vérités, en repoussant surtout une influence satanique qui, par tous les moyens, cherchera à extirper de leur raison les germes qui s'y trouveront ainsi déposés.

Telles sont aussi les limites précises que l'auteur fixe expressément à ses vues dans cet ouvrage. — Il ne lui reste ici qu'à prémunir les hommes contre l'influence infernale qui vient d'être signalée, et à laquelle, dans cette doctrine absolue, se rattachent les plus hautes considérations. — Pour cela, en rappelant le XIII problème messianique, il doit, quelque incroyable que cela puisse encore leur paraître, révéler aux hommes l'existence effective et non interrompue de sectes ou plutôt de bandes mystiques, ayant, avec connaissance de cause, le but infernal d'empêcher l'humanité actuelle d'atteindre ses destinées, afin de la jeter dans l'abîme où ces bandes mystérieuses puisent leurs sataniques inspirations. — C'est un fait, aussi réel qu'il est terrible, et qui n'a échappé aux yeux des hommes que par son inconcevable anomalie; et cependant, à quelle autre cause permanente pouvait-on attribuer les persécutions, la misère, les calomnies, les cachots, les poignards, les bûchers, la ciguë, la croix, cet apanage constant de tous ceux qui ont éclairé les hommes? — Enfin, l'effrayante vérité de l'existence effective, au milieu de l'humanité, de ces êtres infernaux, descendans de l'ancien monde du péché et ligués contre la nouvelle espèce humaine, sera démontrée ici, avec une rigueur plus grande que celle des vérités mathématiques. Et ce qui est glorieux dans cette conquête de l'humanité, c'est que cette affreuse vérité ne lui sera point révélée par quelque perfide trahison de menées ténébreuses auxquelles l'auteur aurait été introduit, mais bien par la spontanéité propre de la raison elle-même de l'homme, de ette raison qui, émanée d'une origine céleste, est ainsi parvenue à écraser la tête du serpent. Aussi, malgré cette révélation positive, l'auteur, qui n'a jamais porté ses pas dans aucun de leurs antres odieux, ni souillé sa bouche par aucun serment de secret, se trouve-t-il au dessus des atteintes criminelles de ces misérables.

Depuis long-temps, par un pressentiment infernal de leur ruine prochaine, ces hommes du mystère ont déchaîné contre l'auteur tout ce que la société recèle de fraude, d'ignorance, et d'abjection, en provoquant contre lui l'indigne scandale du procès sur la vérité absolue, qu'il repoussa si glorieusement par sa décisive interpellation de Oui ou Non. Renversés par cette foudre inattendue, qui découvrait tout-à-coup la présence sur la terre de principes absolus de la morale, ces malheureux, et leurs dignes émules de tout genre, n'ayant plus que l'arme du ridicule, que l'auteur leur laisse à dessein pour les avilir ainsi davantage, voudraient aujourd'hui en altérer le sens sacré, en se prévalant de ce qu'il peut y avoir d'inconcevable pour le vulgaire; comme si précisément cette inconcevable élévation, intellectuelle et morale, qui est impliquée dans le foudroyant Oui ou Non, n'était pas le plus haut triomphe, tout à la fois, et de la vérité et de l'auteur. — Eh bien, pour affermir à perpétuité cet indestructible triomphe, et surtout pour vous apprendre, à vous, hommes mystérieux et déchus, qu'il existe déjà sur la terre une libération du pacte que vous avez conclu avec l'enfer, l'auteur donne au monde les vérités augustes qui sont devant vous. Lisez-les; et, si vous en avez encore l'audace, recommencez aujourd'hui l'antique lutte des anges et des démons!

Et vous, hommes purs, qui, par votre candeur, caractérisez le monde nouveau, et qui, précisément par cette belle prérogative, donnez sujet à ce que les hommes mystérieux, ces débris de l'ancien monde du péché, se vantent, par un odieux persifflage, d'être votre *providence vivante*, souffrirez-vous plus long-temps que votre sainte innocence, qui vous voile la hideuse origine du mal, ne soit à leurs yeux qu'un titre de dégradation, et leur défère l'infâme droit de se considérer, par leur science du mal, comme supérieurs à vous, comme l'*élite* des hommes, destinée à les gouverner du fond de ses repaires? Lisez aussi les vérités profondes qui sont devant vous; et si vous ne pouvez pas résoudre les grands et décisifs problèmes qui y sont établis, et que la raison de l'homme doit résoudre absolument, si peut-être même vous ne pouvez pas comprendre ces problèmes, desquels dépend néanmoins toute votre dignité morale, reconnaissez enfin qu'il existe des choses qui dépassent votre faible raison, et qui cependant sont réelles, essentiellement réelles, puisqu'elles sont la source même de toute réalité. Renoncez alors, si vous voulez être raisonnables, à votre trop légère incrédulité sur cet invisible et encore inconcevable principe du mal, qui, incarné parmi vous, cherche à vous entraîner partout, même dans vos plus secrètes réunions, au renversement de vos destinées, auquel vous n'êtes déjà que trop enclins par vous-mêmes. Et surtout cessez de vous passionner, comme si vous n'étiez capables de rien autre, pour vos hochets politiques, le droit humain et le droit divin, qui ne doivent vous servir que comme moyens pour arriver aux fins augustes de votre création, et qui, par conséquent, lorsque vous les érigez en buts suprêmes de votre existence, décèlent votre aveuglement, votre nullité véritable, et donnent ainsi prise sur vous à ces mystérieux délégués du mal, qui, en vous méprisant alors à juste titre, vous traitent en vils instrumens de leurs buts infernaux.

AVIS. — Dans l'opuscule intitulé le *Sphinx*, et publié en 1818, nous avons exposé didactiquement les principes fondamentaux, et nous avons déduit, de ces principes, les caractères distinctifs et les conséquences inévitables des deux partis politiques qui, à l'époque actuelle, forment la grande ANTINOMIE SOCIALE du monde civilisé, et se partagent ainsi, comme deux ennemis invincibles, le domaine de la raison de l'homme. — Le titre de cet opuscule indiquait suffisamment qu'il n'était que l'annonce d'une doctrine nouvelle, tout à la fois, et philosophique et religieuse. C'est en effet dans l'essence même de l'antinomie sociale que se trouve, ainsi que nous le verrons positivement, le germe providentiel duquel doit naître l'union finale de la philosophie et de la religion, cette glorieuse union qui est l'objet du MESSIANISME, formant, comme doctrine nouvelle, la réalisation du dernier idéal de la raison humaine. — Mais, entraînés violemment dans les tendances de leurs partis respectifs, et luttant à extinction avec leurs opinions aveugles, les hommes ne purent alors apercevoir cette aurore de la nouvelle lumière qui devait éclairer leurs profonds abîmes. Seulement les hommes mystérieux, ces ennemis du genre humain, qui sont signalés dans la précédente déclaration, comprirent ce qu'annonçait le *Sphinx*; et, suivant leur pratique infernale, sur laquelle nous devons ici rendre attentif, ils firent disparaître cet ouvrage de la circulation publique, au point qu'aujourd'hui où nous abordons la doctrine du messianisme, le lecteur aurait de la peine à se procurer cet indispensable point de départ dans la doctrine dont il s'agit.

En 1829, dans un opuscule intitulé *Problème fondamental de la politique moderne*, nous avons fixé, d'une manière moins élevée, ces caractères et ces conséquences des deux partis politiques, formant l'antinomie sociale. Ce problème fut soumis au conseil des ministres de Charles X, pour dissiper, si cela eût été possible, le dangereux aveuglement qui prédominait dans ce conseil sur les destinées de la France, et qui, dès lors, menaçait l'Europe de sa conflagration, si imminente aujourd'hui. Mais, ayant appris que ce problème politique ne pouvait même pas être avoué par le gouvernement français de cette époque, nous fîmes sur-le-champ retirer de la librairie l'opuscule où il se trouvait exposé, pour ne pas compromettre inutilement la vérité.

Or, comme nous venons de l'annoncer, et comme nous le verrons ici positivement, ce sont les principes, malheureusement trop irrécusables, de ce fatal antagonisme des deux partis sociaux qui constituent, sinon la base, du moins le POINT DE DÉPART de la doctrine du messianisme, que nous allons exposer. Nous devons donc, avant tout, reproduire ici cette théorie messianique de l'antinomie sociale, constituant la détermination didactique de l'état actuel de l'humanité, telle qu'elle a été produite dans les deux ouvrages que nous venons de rappeler et qui n'existent plus dans le public. — On pourra ainsi se dispenser d'avoir recours à ces ouvrages antérieurs : la doctrine du messianisme se trouvera ici complètement réunie, à partir du *Prospectus du Messianisme*, qui a annoncé la publication de cette doctrine absolue, et qui en est déjà une partie constituante, en tant qu'il contient les XXI problèmes messianiques, le programme de l'union antinomienne, et même les deux épîtres, auxquelles nous rapporterons quelques considérations dans la grande doctrine que nous allons aborder.

PRODROME
DU MESSIANISME
OU
DE LA PHILOSOPHIE ABSOLUE.

Enfin, après de si longues ténèbres, pouvons-nous espérer que la lumière va paraître sur la terre? — L'homme est-il définitivement arrivé au point où il connaîtra ses destinées: saura-t-il les raisons de sa création, les motifs de sa présence sur ce globe, et les conditions de son immortalité? Le voile qui cache l'univers, sera-t-il déchiré; surtout le voile qui couvre le sanctuaire de la création, sera-t-il au moins soulevé? — C'est ce que doit nous apprendre la présente doctrine du messianisme.

Malheureusement, aussi graves que sont ces questions, aussi grande est l'indifférence des hommes pour les résoudre. Qu'il nous coûte d'en entretenir nos contemporains! Nous osons le dire, il n'existe pour nous aucun devoir plus pénible que celui de produire devant les hommes, si peu disposés à les connaître, des choses si sacrées. Mais enfin, c'est notre devoir! Sans calculer les conséquences, nous allons l'accomplir, en dispensant d'avance ceux à qui nous nous adressons, de toute reconnaissance, que nous cherchons aussi peu à obtenir de leur part qu'ils sont peu portés à la ressentir.

La première chose qu'il doit aujourd'hui importer à un être raisonnable de connaître, c'est le but de son existence. Nous allons donc, avant tout, révéler ici aux hommes leurs destinées sur la terre. — Nous disons *révéler*, parce que, n'ayant encore établi aucun principe absolu, ni même aucun critérium de la vérité, nous ne pouvons d'abord que signaler les résultats de la philosophie absolue, comme autant de faits messianiques, en nous bornant provisoirement à en appeler à la révélation intérieure de l'homme, où il peut retrouver une première confirmation de ces vérités.

Mais, nous devons prévenir, dès à présent, que toutes nos assertions quelconques, considérées comme autant de déductions didactiques, dérivent de principes absolus et par conséquent infaillibles. Bien plus, elles forment autant de réalités didactiques, procréées immédiatement par l'application de la LOI DE CRÉATION elle-même. Et nous nous engageons ici, par une déclaration expresse, à les reproduire sur cette voie absolue, lorsque nous serons parvenus à la découvrir et à la suivre d'une manière péremptoire.

En attendant, et précisément pour entrer dans cette voie absolue de création, il faut éveiller l'homme dans sa fatale irrésolution actuelle, le rendre attentif au grand but de son existence, et lui signaler enfin ses augustes destinées, en les lui révélant ainsi préalablement dans l'intimité de son être. — Nous allons le faire.

PREMIÈRE PARTIE.

EXPOSITION POPULAIRE DE L'ÉTAT ACTUEL DE L'HUMANITÉ.

(*Extrait du Problème fondamental de la politique moderne.*)

Il existe aujourd'hui, dans tous les états civilisés, deux partis politiques, sous divers noms, de whigs et de torys, de républicains et de royalistes, de libéraux et de serviles, enfin du droit humain et du droit divin. — Pour éviter toute application, nous les désignerons généralement par les noms de *libéraux* et d'*illibéraux*.

Or, tous les caractères distinctifs de ces deux partis politiques, sans aucune exception, sont essentiellement opposés, comme nous allons le voir.

En premier lieu, pour ce qui concerne leurs considérations spéculatives ou leurs vues théoriques, desquelles dérivent toutes leurs tendances pratiques, les deux partis sociaux ont respectivement deux points de vue diamétralement opposés. — Ainsi, l'un de ces partis, celui des libéraux, ne reconnaît d'autre vérité que celle qui résulte de l'EXPÉRIENCE, ou tout au plus d'une *induction empirique*, c'est-à-dire, fondée sur l'expérience, et l'autre de ces partis, celui des illibéraux, ne reconnaît d'autre vérité que celle qui résulte de la RÉVÉLATION, ou tout au plus d'une *déduction théologique*, c'est-à-dire, fondée sur la révélation.

Les corollaires immédiats de ces principes théoriques sont les suivans. — L'un de ces partis, celui des libéraux, prétend que l'homme peut étendre indéfiniment la sphère de ses connaissances positives, et cela sans franchir les bornes de l'expérience, au-delà desquelles sont les régions de l'erreur; et il considère ce développement progressif et indéfini des connaissances utiles à la vie, comme constituant un état de PERFECTIBILITÉ de l'espèce humaine. — Au contraire, l'autre de ces partis, celui des illibéraux, prétend que l'homme ne peut, au-delà de ce qui lui est révélé, avoir ni acquérir aucune connaissance absolue; et il considère cette impossibilité de découvrir la vérité, comme constituant un ÉTAT DÉCHU de l'espèce humaine.

En second lieu, pour ce qui concerne leurs considérations morales ou leurs vues pratiques, qui dérivent des principes théoriques que nous venons de signaler, ces deux partis ont, par une conséquence logique, des tendances également opposées. — Ainsi, le parti des libéraux ne reconnaît d'autre bien moral que celui qui résulte de l'INTÉRÊT TERRESTRE des hommes, et par conséquent de leur propre volonté; et le parti des illibéraux ne reconnaît, au contraire, d'autre bien moral que celui qui résulte de l'INTÉRÊT CÉLESTE des hommes, et par conséquent de la volonté divine.

Les corollaires immédiats de ces préceptes pratiques sont de nouveau les suivans. — Le premier de ces partis, celui des libéraux, prétend qu'il n'existe de droit, ni par conséquent de faculté de coërcition ou d'autorité politique, autrement que par une convention mutuelle des hommes; et il considère un tel état juridique, institué par un contrat social, comme offrant la réalisation des DROITS DE L'HOMME. — Au contraire, le deuxième de ces partis, celui des illibéraux, prétend qu'il n'existe de droit, ni par conséquent de faculté de coërcition ou d'autorité politique, autrement que par une législation divine; et il considère un tel état juridique, institué par la grâce de Dieu, comme offrant la réalisation du DROIT DIVIN.

En troisième lieu, réunissant ces considérations spéculatives et morales, ces vues théoriques et ces tendances pratiques, les deux partis remontent à l'origine de l'univers, et ils y parviennent encore à des idées diamétralement opposées. — Ainsi, le parti des libéraux ne reconnaît d'abord, en s'en tenant à la simple induction empirique, d'autre cause première qu'une cause mécanique; et il professe alors l'ATHÉISME. En s'élevant ensuite à l'usage de facultés intellectuelles supérieures à l'induction, ce parti admet une cause première douée d'intelligence, mais inconcevable pour l'homme dans aucun de ses attributs; et il professe alors le DÉISME. — Au contraire, le parti des illibéraux, en s'en tenant à la simple révélation du *précepte moral*, reconnaît d'abord, pour cause première de l'univers, l'intelligence suprême du Créateur; et il professe alors la religion primitive ou le THÉISME. En s'élevant ensuite à la révélation du *verbe*, ce parti revêt le Créateur d'attributions supérieures; et il professe alors la religion développée ou le CHRISTIANISME. — De plus, combinant le déisme avec ses vues morales, et principalement avec la philanthropie, qui en est la conséquence éthique, le parti des libéraux institue une société spirituelle sous le nom de THÉOPHILANTHROPES, qui paraît n'avoir aucun but spécial; et combinant de même le christianisme avec ses vues morales, et principalement avec la charité, qui, à son tour, en est la conséquence éthique, le parti des illibéraux institue une société spirituelle sous le nom d'ÉGLISE, qui a pour objet spécial d'établir sur la terre le règne de Dieu.

En quatrième lieu, cherchant à réaliser ces diverses vues, théoriques, pratiques et religieuses, les deux partis reconnaissent le besoin d'une garantie physique des lois morales, et ils trouvent cette garantie dans l'établissement de la société politique, ayant pour objet l'accomplissement des relations juridiques des hommes. Mais, de même que leurs préceptes juridiques, l'accomplissement de ces préceptes se présente de nouveau sous deux aspects diamétralement opposés. — Ainsi, dans cette institution des sociétés politiques, le parti des libéraux tend vers l'INDIVIDUALISATION de l'autorité souveraine dans chacun des membres de cette société, et le parti des illibéraux tend, au contraire, vers l'UNIVERSALISATION de l'autorité souveraine dans un seul membre de la société politique.

Les corollaires immédiats de ces tendances politiques sont les suivans. — Le parti des libéraux cherche à réaliser, pour la formation des états, les INSTITUTIONS RÉPUBLICAINES de gouvernement; et pour la formation de la société politique universelle, la FÉDÉRATION des états dans leur indépendance individuelle. Et, au contraire, le parti des illibéraux cherche à réaliser, pour la formation des états, les INSTITUTIONS MONARCHIQUES de gouvernement; et pour la formation de la société politique universelle, une THÉOCRATIE des états dans leur dépendance suprême de la législation divine.

En cinquième et dernier lieu, l'accomplissement de toutes ces vues respectives, qui constitue le but final de chacun des deux partis, conduit nécessairement, dans cette fin même de l'existence de l'humanité, à des résultats essentiellement opposés. — Ainsi, le parti des libéraux prétend que, par l'accomplissement de toutes ses vues, sous la protection d'une société universelle, garantie par la fédération des états, l'humanité pourra donner une carrière libre à sa PERFECTIBILITÉ, et pourra alors, par elle-même, atteindre le BIEN-ÊTRE général, qui est son bien suprême sur la terre. Et le parti des illibéraux prétend, à son tour, que, par l'accomplissement de toutes ses vues, sous la protection d'une société universelle, garantie par une théocratie des états, l'humanité pourra expier sa chute morale ou obtenir sa RÉHABILITATION, et pourra alors, par la grâce de Dieu, retrouver l'IMMORTALITÉ, qui est son bien suprême dans un autre monde.

Tels sont, en résumé, et comme simples faits positifs, les traits distinctifs des deux partis qui se partagent aujourd'hui, comme fruit de la civilisation, les intérêts de l'humanité. — Et que l'on ne se méprenne pas sur l'opposition absolue de ces partis, par quelques opinions mixtes, résultant d'une insuffisance logique ou d'une timidité politique de pousser, jusqu'à leurs conséquences extrêmes, les principes fondamentaux de ces partis.

Mais, d'où vient alors cette contradiction universelle dans tous les intérêts de l'humanité?

Est-elle nécessaire cette incontestable contradiction, c'est-à-dire, fait-elle partie de la raison elle-même de l'homme? Ou bien, est-elle purement contingente, accidentelle, c'est-à-dire, est-elle un simple résultat d'une erreur fondamentale chez l'un des deux partis, et d'une vérité fondamentale chez l'autre de ces partis?

Dans le dernier cas, dans celui où l'opposition des deux partis sociaux ne serait ainsi que contingente, en ne se fondant que sur l'erreur de l'un de ces partis, cette opposition, quelque formidable qu'elle puisse être momentanément, n'aurait aucune gravité intrinsèque et n'aurait d'autre durée que celle de son erreur fondamentale. Mais, dans le premier cas, dans celui où l'opposition des deux partis serait nécessaire, en se fondant sur l'essence même de la raison humaine, elle serait de la plus haute importance, parce qu'elle impliquerait les destinées de l'espèce humaine, et commettrait le sort de l'humanité sur la terre. En effet, si cette opposition des deux partis sociaux est inhérente à la raison humaine elle-même, nul pouvoir des hommes ne saurait détruire l'un de ces partis, ni même donner de la prépondérance à l'autre. Et, dans ce cas, leur lutte permanente amènerait inévitablement, à côté de la destruction réciproque de tous les deux, ou du moins de l'un des deux, la ruine de la civilisation.

Il faut donc, pour prévenir cette ruine imminente du monde civilisé, résoudre la grave question de cette opposition absolue des deux partis qui, dans ce moment, paraissent se partager, non-seulement la domination de l'opinion, mais de plus la toute-puissance de la raison. Et c'est là le PROBLÈME FONDAMENTAL que l'humanité doit résoudre actuellement pour éviter une nouvelle chute morale, et surtout pour accomplir ses destinées sur la terre.

Nous savons bien qu'étant entraînés par les opinions respectives des deux partis, les hommes, loin de songer à la solution de ce problème de leurs destinées, ne se doutent même pas de l'existence de ce grand problème. Chacun des deux partis procède, dans sa direction, avec une pleine conviction de la vérité de ses opinions : aucun de ces partis ne conçoit encore le moindre doute sur la possibilité de son erreur. De-là vient en effet cette prestance, cette inébranlable assurance dans les prétentions respectives de chacun des deux partis politiques ; assurance qui paraît exclure jusqu'au pressentiment de l'humilité que ces partis éprouveront un jour lorsqu'ils reconnaîtront qu'ils n'ont été que les jouets d'une profonde ANTINOMIE dans la raison humaine.

Les bornes et le but de ce prodrome ne nous permettent pas de demeurer plus long-tems sur ces graves considérations. Tout ce que nous pouvons faire ici, c'est d'ébranler cette trop grande sécurité à laquelle se livrent les deux partis sociaux, en leur laissant entrevoir au moins la possibilité de leur erreur respective. Et comme nous savons que, sous l'empire absolu de leurs opinions, ils n'admettent d'autre raison que celle de leurs propres principes, c'est avec ces principes mêmes que nous allons montrer, à chacun de ces partis, l'extrême fragilité des bases sur lesquelles ils appuient respectivement, avec tant de violence, leurs prétentions exclusives.

Approfondissons d'abord le parti des libéraux, qui, comme plus jeune, est naturellement plus impatient, et mérite ainsi la préséance. — Son principe fondamental, duquel dérivent toutes ses vues, philosophiques, politiques et religieuses, est qu'il n'existe pour l'homme d'autre vérité que celle qui résulte de l'expérience, ou d'une induction fondée sur l'expérience. — Or, en admettant tout-à-fait ce principe, nous demanderons aux libéraux si c'est aussi par l'expérience qu'ils ont établi la vérité de cet exclusif principe d'expérience ? — Pour être conséquens logiquement, ils ne peuvent en effet recourir à aucun autre principe pour déduire la vérité de celui qu'ils établissent à l'exclusion de tout autre. Mais alors, leur doctrine ne serait qu'une pétition de principe, un cercle vicieux, qui ne mériterait pas tant d'efforts, de courage, de bouleversemens et de sang. Il faut donc que ce parti libéral ait encore, au fond de sa raison, d'autres vérités, d'autres principes, inconnus à lui, mais assez puissans pour lui faire établir, à son insu, la vérité de son principe d'expérience, avec l'énergie avec laquelle il en poursuit le développement. — Eh quoi! si, parmi ces principes supérieurs que le parti des libéraux est ainsi forcé d'avouer sans les connaître, il s'en trouvait qui, tout en établissant l'expérience comme principe de vérité, ouvrissent à l'homme encore d'autres voies, également sûres et peut-être même plus sûres, pour arriver à d'autres ordres de vérités, plus importantes en elles-mêmes et plus dignes de la raison? Qu'en serait-il alors de la doctrine du parti des libéraux? — Ce parti aurait, tout à la fois, et raison et tort : il aurait RAISON en admettant, avec tous ses corollaires, l'expérience comme principe indéfini de vérité; et il aurait TORT en établissant ce principe comme principe exclusif de vérité pour l'homme.

Approfondissons maintenant le parti des illibéraux, qui, comme plus sage, nous accordera sans doute plus d'attention. — Son principe fondamental, duquel dérivent aussi toutes ses vues, philosophiques, politiques et religieuses, est qu'il n'existe pour l'homme d'autre vérité que celle qui lui est communiquée par la révélation, ou qui résulte de l'interprétation théologique de la révélation. — Mais, avant tout, pour ne dépasser en rien ce principe du parti des illibéraux, et pour nous renfermer ici entièrement dans les vues de ce parti, ainsi que nous nous sommes proposé de le faire, donnons quelques explications sur la manière dont nous concevons son principe, pour montrer qu'il embrasse effectivement, comme principe spéculatif, toutes les vues du parti des illibéraux.

Ainsi, nous dirons que, par le mot de révélation, nous entendons la révélation intérieure que tout homme trouve au fond de son sentiment, et non la révélation extérieure ou proférée qui sert de base aux cultes religieux. Cette révélation extérieure ou proférée est précisément ce qui résulte de l'interprétation théologique de notre révélation intérieure, laquelle, sous le point de vue philosophique ou du moins logique, sous lequel il faut nous placer sans détour pour pouvoir discuter, est ainsi nécessairement, dans notre sentiment intime, le principe premier de cet ordre de vérités que reconnaît le parti des illibéraux, et qui constitue un ordre de vérités révélées par le Créateur, parce que cette révélation intime, dans notre sentiment, ne saurait être qu'un ouvrage du Créateur. Alors, l'interprétation extérieure de cette révélation intime, pour former une base à un culte positif, lorsqu'elle est faite par l'homme, peut être vraie ou erronée, d'après les conditions de l'intelligence humaine, qui est sujette à errer; mais, cette interprétation extérieure, qui produit ainsi une révélation positive ou proférée, est nécessairement infaillible lorsqu'elle est faite par une mission divine. — De cette manière, nous embrassons manifestement toutes les opinions religieuses du parti dont il s'agit; et, loin de dépasser ses principes, nous nous plaçons ici complètement dans son propre point de vue, pour lui faire découvrir le peu de fondement de ses prétentions exclusives.

Nous ferons plus encore : nous allons démontrer la nécessité même de cette révélation intérieure que nous venons de signaler comme étant le principe de tout ordre de vérités révélées; et nous démontrerons cette nécessité d'une manière irrécusable, non-seulement pour le parti des illibéraux, mais même pour le parti des libéraux, en nous servant de principes logiques communs aux deux partis. — Pour cela, il suffira de faire remarquer que cette révélation intérieure dont il est question, n'est pas déjà un système positif de vérités toutes formées, mais bien une simple RÉCEPTIBILITÉ de notre intelligence pour cet ordre supérieur de vérités. Et nous prouverons facilement, pour le parti des illibéraux, la nécessité de cette réceptibilité de notre intelligence, en lui faisant remarquer que, sans une telle disposition préétablie dans notre raison, l'homme ne saurait concevoir les vérités d'aucune révélation positive ou proférée, pas plus que ne sauraient les concevoir les animaux qui n'ont pas cette haute disposition intellectuelle. Et nous prouverons de même avec facilité, pour le parti des libéraux, le fait incontestable de cette réceptibilité supérieure de notre intelligence, en faisant remarquer à ce parti que, sans une telle disposition intellectuelle, l'homme ne saurait enfanter, par l'imagination ni par aucune autre faculté psychologique, l'idée absolue de Dieu, pour laquelle l'expérience ne lui offre point de matériaux, ni inductionnels, ni même analogiques. — Procédons maintenant à apprécier la solidité de la base sur laquelle reposent les prétentions exclusives du parti des illibéraux.

En admettant tout-à-fait le principe de révélation, que ce parti établit comme principe exclusif de vérité pour l'homme, nous demanderons également aux illibéraux si c'est aussi par la révélation qu'ils ont appris à connaître la vérité de ce principe de révélation? En effet, comme les libéraux, pour être conséquens logiquement, les illibéraux ne peuvent recourir à aucun autre principe pour déduire la vérité de celui qu'ils établissent à l'exclusion de tout autre. Et alors, quelque sacré que soit le caractère de la révélation, leur doctrine ne saurait non plus échapper au vice d'une pétition de principe, ou d'un simple cercle logique, qui, à son tour, ne mériterait pas tant de sacrifices, de vertus, de persécutions et d'auto-da-fé. Il faut donc également que le parti des illibéraux ait en outre, au fond de son intelligence, d'autres vérités, d'autres principes, inconnus à lui, mais assez puissans pour lui faire établir, à son insu, la vérité de son principe de révélation, avec la force morale avec laquelle, à son tour, il en poursuit le développement. Et pour nous expliquer ici davantage, nous ferons remarquer que, pour établir le principe de révélation, intérieure ou même extérieure, il faut absolument s'appuyer sur un autre principe, supérieur ou inférieur, comme on voudra, mais propre à faire reconnaître à l'homme l'autorité de la révélation, parce que, sans un tel principe de spontanéité intellectuelle dans l'homme, l'établissement du principe de révélation ne saurait avoir, ni logiquement, aucune vérité quelconque, ni même moralement, aucun mérite quelconque. — Eh quoi! si, parmi ces principes spontanés de l'homme, que le parti des illibéraux est ainsi forcé d'avouer sans les connaître, il s'en trouvait aussi qui, tout en établissant la révélation comme principe de vérité, ouvrissent à l'homme encore d'autres voies, également sûres et peut-être même d'une conviction plus universelle, pour arriver à l'accomplissement de cet ordre supérieur de vé ités, en transformant la simple croyance, qui leur est attachée par la révélation, en une certitude absolue, plus impérative pour la raison? Qu'en serait-il alors de la doctrine du parti des illibéraux? — Ce parti aurait également, tout à la fois, et raison et tort : il aurait RAISON en admettant, avec tous ses corollaires, la révélation comme principe indéfini de vérité; et il aurait TORT en établissant ce principe comme principe exclusif de verité pour l'homme.

Nous craignons beaucoup que ces hautes considérations philosophiques ne soient encore au-dessus de la portée intellectuelle de nos contemporains. Aussi, ne faisons-nous qu'une espèce d'essai de cet ordre de recherches, pour voir si, par son développement progressif, la raison humaine est déjà parvenue au degré de maturité où de si grandes vérités peuvent l'intéresser. C'est d'après l'issue, heureuse ou malheureuse, de cet essai que nous réglerons la production ultérieure d'un tel ordre de vérités.

Mais, si des considérations pareilles devaient encore échapper à la raison de nos contemporains, ils sentiront au moins cette espèce de surprise, pour ne pas dire davantage, que produisent les deux partis politiques lorsque l'on compare leurs tendances finales avec la sublime vocation de l'homme, telle qu'il la ressent au fond de sa propre conscience. En effet, l'un et l'autre partis professent une ignorance finale de toute vérité absolue; l'un et l'autre s'appuient sur l'impossibilité où ils prétendent que l'homme se trouve lorsqu'il veut découvrir la vérité. Le parti des libéraux renie à l'homme, non-seulement la faculté de reconnaître les principes absolus du monde moral, auxquels se rattache sa perfectibilité, mais il lui renie même la faculté de reconnaître les principes absolus du monde physique : ainsi, il affirme positivement que l'homme ne pourra jamais connaître l'essence intime de la matière, de la lumière, etc., etc.; parce que l'expérience, cette unique voie de la vérité, ne peut atteindre jusqu'à l'essence intime des choses. Et le parti des illibéraux renie à l'homme, non-seulement la faculté de reconnaître les principes absolus du monde physique, auxquels cependant se rattache son expiation terrestre, mais il lui renie de plus la faculté de reconnaître les principes absolus du monde moral : ainsi, il affirme tout aussi positivement que l'homme ne pourra jamais connaître l'essence intime de Dieu, les conditions de sa propre immortalité, etc., etc.; parce que, dans l'état de chute morale où se trouve l'espèce humaine, il ne lui est pas donné de connaître la vérité, après laquelle l'homme court si ardemment. Or, c'est avec cette prétention d'une ignorance finale, prétention funeste qui est la seule chose que les deux partis aient de commun entre eux, et qui forme ainsi leur véritable caractère aux yeux d'une raison supérieure, c'est avec cette prétention d'ignorance absolue, disons-nous, que les deux partis argumentent sur les destinées de l'homme, et se combattent à outrance pour le conduire exclusivement vers l'accomplissement de ces destinées. — N'y aurait-il pas là, sans parler d'une manifeste déraison, une légère teinte de ridicule, si l'on pouvait rire à l'aspect du sang et de l'auto-da-fé?

Quels que soient au reste l'intérêt et la conviction que nous parviendrons ici à transmettre à nos contemporains sur ces graves objets, nous en aurons au moins dit assez pour être fondés, même devant leur propre raison, à déplorer et à flétrir les coupables excès auxquels se livrent les deux partis, surtout dans leurs influences politiques. — Détournons nos regards de ces scènes ensanglantées qui, plus d'une fois, ont été le résultat fatal de l'existence des deux partis sociaux : respectons ces malheurs comme des conséquences inévitables de cette providentielle antinomie de la raison, sur laquelle se fondent de si terribles oppositions sociales. Mais, armons-nous contre ces vociférations journalières, qui, sous les drapeaux des deux partis, abusant de l'ignorance qui légitime encore leur existence, attaquent, avec autant de frénésie que d'imposture, des portions individuelles de la société et même des hommes isolés, et ne font ainsi que porter la douleur dans le sein des familles, sans avancer en rien les fins providentielles de cette grande scission de l'humanité.

Pour flétrir à jamais ces coupables clameurs de parti, il suffira de détacher du problème fondamental de l'humanité actuelle, de celui que nous avons fixé plus haut, le problème spécial de la politique moderne, et de proposer la solution de ce décisif problème à ces hommes qui, possédés d'un esprit de vertige par la prétendue vérité de leurs partis, croient ne devoir plus rien respecter. Comme une autre tête de Méduse, ce fatal problème pétrifiera la raison de tous ceux qui, parmi les hommes dont il s'agit, en ont encore conservée. — Nous allons leur proposer ce problème.

Dans l'exposition que nous avons donnée plus haut des opinions politiques des deux partis, telles qu'elles résultent respectivement de leurs principes théoriques et primitifs, nous avons vu que le parti des libéraux tend vers l'individualisation de l'autorité souveraine dans chacun des membres de la société politique, en se fondant juridiquement sur ce qu'il ne peut exister de droit de coërcition autrement que par une convention mutuelle des hommes ; et que le parti des illibéraux tend, au contraire, vers l'universalisation de l'autorité souveraine dans un seul membre de cette société, en se fondant juridiquement sur ce qu'il ne peut exister de droit de coërcition autrement que par une législation divine. — Ainsi, les principes politiques des deux partis sont, en résumé, pour les libéraux, que la souveraineté des états PROVIENT DES HOMMES, et pour les illibéraux, que cette souveraineté PROVIENT DE DIEU.

Jusque-là, nous n'apprenons rien de nouveau : nous n'avons fait que classer méthodiquement ces vues opposées des deux partis, en les subordonnant à leurs principes théoriques et fondamentaux. Mais, d'après ce que nous avons déjà fait entrevoir plus haut, il se présente ici une question tout-à-fait nouvelle : il s'agit de savoir, non pas lequel des deux partis a raison, parce qu'ils ont incontestablement raison tous les deux et au même degré, mais bien comment une telle contradiction nécessaire, une telle ANTINOMIE DE LA RAISON peut subsister en elle-même, et quel est alors le mot sublime de cette énigme de la création, où sont cachées les véritables destinées de l'espèce humaine?

C'est là le PROBLÈME FONDAMENTAL DE LA POLITIQUE MODERNE; et c'est la solution de ce problème, si décisif pour nos destinées absolues, que nous proposons ici aux hommes qui veulent gouverner le monde.

DEUXIÈME PARTIE.

DÉDUCTION DIDACTIQUE DE LA CRISE DE L'HUMANITÉ.

Le problème fondamental auquel nous venons d'aboutir dans l'exposition précédente, en postulant une contradiction nécessaire, une véritable antinomie de notre raison, jette l'homme dans une pétrifiante irrésolution, par là même que cette antinomie exclut ou détruit réciproquement toute réalité rationnelle dans les deux partis politiques, et qu'elle paralyse ainsi complètement leurs tendances respectives. Il devient donc de la plus haute importance pour l'être raisonnable de constater, d'une manière certaine, cette opposition logique ou cette contradiction de ses principes, qui arrête actuellement dans l'humanité toute action raisonnable, en ne lui laissant prendre aucune détermination rationnelle qui ne soit combattue par une détermination opposée et également rationnelle.

Ainsi, avant de songer à la solution de ce fatal problème d'une nécessaire antinomie sociale, d'une contradiction inévitable entre les propres principes de la raison humaine, problème dont la simple proposition suffit pour terrifier l'homme, il faut reconnaître, avec certitude, si les conditions de ce problème sont réelles, c'est-à-dire, si cette antinomie problématique de notre raison, que nous avons cru devoir établir dans l'exposition précédente, existe effectivement. Et c'est pour obtenir cette grave certitude que nous allons aborder la déduction didactique de cet état actuel de l'humanité, et spécialement de sa problématique antinomie sociale.

Deux voies se présentent pour accomplir une telle déduction : l'une HISTORIQUE, sur laquelle il faudrait établir les conditions de l'antinomie sociale comme provenant du progrès général dans le développement successif de l'humanité; l'autre RATIONNELLE, sur laquelle il faudrait établir ces fatales conditions comme provenant des principes intimes de la réalité de l'homme. — Nous allons, dans les deux chapitres suivans, parcourir successivement ces deux voies philosophiques de la profonde recherche dont il s'agit.

CHAPITRE PREMIER.

DÉDUCTION HISTORIQUE DE L'ANTINOMIE SOCIALE.

En résumant, sous un point de vue didactique, les progrès du monde civilisé jusqu'à nos jours, nous voyons, tour-à-tour, avec plaisir et avec peine, une lutte continue, mais toujours triomphante, de la raison de l'homme contre ses erreurs, pour amener l'espèce humaine à ses hautes destinées sur la terre.

Quelle innombrable variété de motifs particuliers, et quelle infinité d'intérêts distincts se produisent, avec tumulte, dans ce lent développement de l'humanité! Et cependant, malgré cette multiplicité d'aspects si différens, et en apparence si peu homogènes, tout se réduit à deux grandes oppositions, bien précises et bien déterminées, qui, dès l'origine des sociétés, combattent avec un égal succès, et forment ainsi, par leurs victoires alternatives, les progrès de l'espèce humaine.

Long-temps déguisée sous les diverses modifications de la volonté de l'homme, cette scission providentielle dans sa raison, telle que nous venons de la signaler, agissait, pour ainsi dire, à son insu, afin de le porter par degrés aux grands événemens historiques qui, par leur connexion systématique et irréfragable, ont servi à lui révéler insensiblement la SPONTANÉITÉ propre de ses actions. — Aussi, rechercher et fixer, d'une manière positive, ces progrès dans le développement de la raison humaine, c'est-à-dire, de la spontanéité de l'homme, c'est là le grand problème de la PHILOSOPHIE DE L'HISTOIRE; problème qui, loin de pouvoir être résolu, ne pouvait même pas être posé avant que cette spontanéité humaine, qui en est l'objet, ne fût ainsi développée.

On conçoit que nous ne nous proposons nullement d'aborder ici cette grande question philosophique. Il nous suffira de l'avoir signalée pour nous placer immédiatement au point de l'histoire où, devenue enfin manifeste à l'homme, cette contradiction dans sa raison, qui seule a dirigé la marche de l'humanité, s'est constituée matériellement, ou en quelque sorte corporifiée dans deux masses sociales, dans deux partis politiques, opposés par tous leurs intérêts terrestres et par toutes leurs vues supérieures.

Or, la première manifestation historique de cette opposition matérielle dans les masses sociales elles-mêmes, est notoirement la formation des deux partis politiques, des whigs et des torys, lors de la révolution de l'Angleterre. Mais, l'établissement européen de cette opposition matérielle dans toutes les institutions sociales, ne s'est accompli définitivement qu'à la restauration qui a voulu terminer la révolution française. Alors, dans tous les états civilisés, les deux partis politi-

ques, sous divers noms, de républicains et de royalistes, de libéraux et de serviles, ont constitué positivement leur existence sociale, par tous les moyens, physiques et intellectuels, dont il a été possible d'user jusqu'à ce jour. Aussi, est-ce uniquement dans cette dernière période de l'histoire que nous nous placerons pour découvrir les conditions critiques qu'il s'agit de dévoiler.

Avant tout, fixons positivement les tendances respectives des deux partis opposés que nous venons de reconnaître comme étant l'œuvre de la civilisation actuelle sur notre globe. Et pour donner, tout à la fois, et une plus grande précision et une plus grande généralité à cette détermination, établissons didactiquement les principes théoriques sur lesquels se fonde l'existence même de ces partis, et déduisons, de ces principes, leurs conséquences, les buts pratiques et surtout le but final de chacune de ces masses opposées. — Mais, quoique de simples considérations historiques puissent nous suffire dans cette importante détermination, nous devons, pour jetter une plus grande clarté sur ces considérations elles-mêmes, signaler d'abord, en très-peu de mots, les bases philosophiques sur lesquelles reposent de si hautes conditions de l'humanité. — Les voici.

La réalité de l'homme, telle qu'elle a lieu sous ses conditions physiques, s'établit par une double action de son savoir, et nommément, d'une part, par l'action de ce savoir sur les êtres qui ne sont pas lui, et de l'autre, par une action pareille sur son propre être. Comme telle, cette réalité se manifeste par deux facultés psychologiques, nommées COGNITION et SENTIMENT; et ces facultés sont aussi opposées entre elles que le sont les deux actions elles-mêmes que nous venons de signaler comme constituant la réalité humaine, sous les conditions physiques sous lesquelles nous vivons. Or, la RAISON de l'homme, qui est en lui le principe de toute réalité, peut s'identifier, tour-à-tour, avec chacune de ces deux facultés psychologiques, avec la cognition et avec le sentiment, par lesquelles se manifeste la réalité humaine. Il résulte ainsi, de l'opposition nécessaire de ces facultés, une opposition également nécessaire, c'est-à-dire, une véritable ANTINOMIE, sinon dans la raison elle-même, du moins dans son inévitable application à la réalité physique de l'homme. Et c'est cette nécessaire antinomie dans la raison qui est le fondement éternel et inébranlable sur lequel repose actuellement la grande scission des partis politiques dans le monde civilisé.

Il s'ensuit immédiatement, d'abord, que celui des deux partis sociaux qui déduit la réalité de l'homme de son acte de cognition, ne peut établir les conditions fondamentale de cette réalité autrement que par l'EXPÉRIENCE; car, toute cognition implique toujours, dans son contenu intellectuel, la sensation, produite par la réaction physique entre les sens extérieurs ou le sens interne et l'être qui, par ces organes, devient ainsi l'objet de la cognition : or, c'est cette réaction physique ou naturelle qui constitue la condition de l'expérience. Et il s'ensuit de plus, tout aussi immédiatement, que celui des deux partis sociaux qui déduit la réalité de l'homme de son acte de sentiment, ne peut, à son tour, établir les conditions fondamentales de cette réalité autrement que par la RÉVÉLATION; car, entre la représentation qui, dans la conscience, constitue le sentiment intime, et l'être même qui, représenté ainsi, subit l'acte de ce sentiment, il n'existe aucune diversité, l'un étant identique avec l'autre, ni par conséquent aucune nécessité d'une réaction physique ou naturelle; or, c'est cette absence absolue de toute communication naturelle qui, dans ce cas, exige nécessairement une communication surnaturelle, c'est-à-dire, une révélation.

Ces résultats philosophiques, qui sont douées d'une certitude apodictique, parce qu'ils dérivent de l'essence même de la raison, telle qu'elle se manifeste dans la réalité de l'homme, ces résultats, disons-nous, indiqueront, par une facile application, l'origine et la base des considérations historiques que nous devons signaler. — Quant à ceux des lecteurs pour qui ces résultats seraient encore inintelligibles, les considérations historiques dont il s'agit, devront leur suffire complètement; toutefois, cette classe de lecteurs tirera au moins, de la présente fondation philosophique, l'avantage de savoir pourquoi, dans cette déduction des partis politiques, nous les désignerons simplement, l'un par le nom de *parti de la cognition ou de l'expérience*, et l'autre, par celui de *parti du sentiment ou de la révélation*, en cherchant ainsi à écarter toutes leurs épithètes de passion, et à nous renfermer dans des vues purement logiques. — Abordons maintenant les considérations historiques qui doivent nous conduire à fixer le but final de chacun de ces partis.

En nous plaçant d'abord dans le point de vue du parti de la cognition ou de l'expérience, si l'on parcourt l'histoire avec l'intention philosophique d'y découvrir les progrès dans le développement de la réalité de l'homme, car c'est là l'unique fin raisonnable qu'on peut attribuer à la production successive de l'espèce humaine, on reconnaît, par une induction systématique, que l'existence de l'humanité sur la terre, considérée sous ce point de vue du parti de l'expérience, consiste dans les sept conditions suivantes :

1°. L'humanité est née dans un ÉTAT D'ABRUTISSEMENT, parce qu'elle ne peut être que le résultat d'un développement progressif de la chaîne des êtres animés.

2°. Ses besoins l'ont poussé à développer ses facultés intellectuelles; et ce développement, qui peut être indéfini, constitue la PERFECTIBILITÉ du genre humain, par laquelle, sous le nom de RAISON, l'homme se distingue des autres animaux.

3°. La PENSÉE n'est qu'une modification de la matière; car, tout ce qui serait hétérogène avec la matière, ne saurait, par là même, entrer en réaction avec elle, et ne pourrait conséquemment être conçu comme existant.

4°. Il s'ensuit, de ce caractère de la pensée, qu'il n'existe d'autre VÉRITÉ que celle qui est le résultat d'une réaction effective de la matière, et qui, par conséquent, peut devenir un objet de l'expérience, ou du moins un objet de l'induction, fondée sur l'expérience d'après les règles logiques de la pensée; règles dont nous signalerons à l'instant la véritable nature.

5°. Il s'ensuit de plus, de cette exclusion de la réalité de tout ce qui n'est pas la matière, qu'il n'existe d'autre BIEN que celui du bien-être, pris généralement dans ses diverses modifications, physiques et intellectuelles; car, c'est uniquement par ce bien-être que s'établit, dans toute sa plénitude, la réalité de la vie, formant le chaînon le plus élevé dans la chaîne des êtres physiques ou des réalités du monde.

6°. Le LANGAGE n'est qu'une corporification arbitraire de la pensée; mais, comme tel, il est indispensable au développement de cette dernière, parce qu'il donne une base physique ou réelle à chacune des diverses modifications de la matière, qui, dans l'homme, constituent la pensée. Et la LOGIQUE elle même, qui règle cette dernière, n'est que l'expression des formes spéciales de cette modification.

7°. Enfin, il n'existe aucune intention finale, aucun ordre téléologique (*), dans la disposition de l'univers, parce qu'un tel arrangement providentiel du monde, dominant toutes les réalités, impliquerait une essence supérieure, et se trouverait ainsi hétérogène avec la simple réaction matérielle qui constitue toute réalité. L'ordre apparent qui se manifeste dans le monde physique, n'est donc qu'un résultat du HASARD, provenant, dans un immense conflit de forces opposées, de la rencontre fortuite de quelques forces harmoniques, à côté de la destruction de milliers d'autres, discordantes entres elles. Aussi, le caractère distinctif du monde physique dont l'homme fait partie, est la destruction finale de tous les êtres, c'est-à-dire, la MORT.

Tels sont donc les principes théoriques du parti de la cognition ou de l'expérience. — En nous plaçant ensuite dans le point de vue du parti du sentiment ou de la révélation, si l'on parcourt la même histoire, et toujours avec l'intention philosophique d'y découvrir les progrès dans le développement de la réalité humaine, on reconnait, par une induction systématique et conforme à ce deuxième aspect, que l'existence de l'humanité sur la terre, considérée sous ce point de vue du parti de la révélation, consiste dans les sept conditions suivantes :

1°. Dieu créa l'homme IMMORTEL et doué d'une conscience ou d'un SAVOIR ABSOLU, parce que l'esprit infini du Créateur ne peut produire que ce qui est parfait et d'une durée éternelle.

2°. Abusant de la toute-puissance inhérente à l'intelligence créée, des esprits supérieurs ont introduit dans le monde le mal et son inévitable conséquence, la mort. Et l'homme, séduit par cet esprit infernal, ayant péché, a opéré sa CHUTE MORALE; état où il a perdu, sur la terre, son immortalité et son savoir absolu.

3°. La MATIÈRE dont ce monde est composé, n'est qu'une modification de l'esprit du Créateur; car, tout ce qui serait hétérogène avec cet esprit producteur, ne pouvant être produit, ne saurait exister.

4°. Il s'ensuit de ce caractère de la matière, que, dans l'état de la chute de l'homme, il n'existe pour lui d'autre BIEN que celui de la perfection morale, prise généralement dans toutes ses modifications, temporelles et spirituelles; car, c'est uniquement par cette perfection que l'homme déchu peut ressaisir au moins un rayon de la béatitude dont il a joui dans l'état de son innocence primitive.

---

* La philosophie désigne par le mot *téléologique* tout ce qui tient à l'ordre de l'univers, dépendant de causes finales, à l'instar de desseins ou de buts prémédités.

5°. Il s'en suit de plus, de cette exclusion de la réalité de tout ce qui n'est pas l'esprit créateur, que, dans l'état de la chute de l'homme, il n'existe pour lui d'autre VÉRITÉ que celle qui est le résultat d'un acte effectif de Dieu, et qui, par conséquent, ne peut être reconnue autrement que par la révélation, ou du moins par le mécanisme sensuel de notre intelligence, fondé sur une révélation primitive, d'après les règles logiques de notre pensée déchue ; règles dont nous signalerons à l'instant la véritable nature.

6°. Le LANGAGE, qui sert à communiquer la pensée, est un symbole mystique de la révélation divine, et par conséquent de la création elle-même. C'est le verbe primitif laissé à l'homme déchu par une grâce ineffable. — Mais, en revanche, la LOGIQUE forme le système d'entraves par lesquelles l'esprit infini de l'homme innocent a été enchaîné lors de sa chute morale, pour l'empêcher de reconnaître les vérités absolues.

7°. Enfin, l'univers étant l'œuvre de la raison infinie de Dieu, tout doit y être subordonné aux fins augustes de la création, parce que rien d'hétérogène ne saurait y exister. Un ORDRE TÉLÉOLOGIQUE doit donc se manifester dans toutes les parties de l'univers ; et cet ordre doit être permanent, à travers toutes les vicissitudes que l'esprit libre et tout puissant des créatures pourrait introduire dans le monde. Ainsi, lorsque le mal et la mort sont venus entacher la pureté et la beauté de la création, et lorsque l'homme, par sa chute, s'est rendu indigne des bienfaits de cette création primitive, un arrangement providentiel subsiste encore dans le monde déchu, afin de laisser à l'humanité expier son péché, et mériter la grâce de son rétablissement dans son état primitif de béatitude et d'immortalité. C'est aussi de cette manière seulement que l'on peut concevoir un développement de l'humanité dans les fastes de l'histoire, en fixant, pour terme de ces progrès de l'espèce humaine, une expiation accomplie, afin d'apaiser la justice divine, et d'obtenir, de la grâce du Créateur, la réhabilitation ou le rétablissement de l'homme dans son état primitif d'un savoir absolu, et le retour de l'IMMORTALITÉ dans la création entière.

Tels sont donc, à leur tour, les principes théoriques du parti du sentiment ou de la révélation. Et ces principes, comme ceux du parti opposé, que nous avons signalés en premier lieu, ne sont rien autre que les résultats respectifs, obtenus dans chacun des deux points de vue de ces partis, par une induction générale, établie sur l'ensemble des faits qui constituent l'objet de l'histoire, en comprenant parmi ces faits, non-seulement ceux qui sont des actes de la volonté humaine, mais ceux principalement qui concernent les progrès de la culture intellectuelle de l'homme, et qui, comme tels, sont le vrai ou même l'unique fruit des premiers. En effet, l'histoire des progrès philosophiques, surtout de ceux des temps modernes, jusqu'à nos jours, progrès qui sont nécessairement le résultat de toute la culture intellectuelle de l'humanité, offre, d'une manière positive, dans leur grande scission de matérialisme et de spiritualisme, les caractères respectifs que nous venons de fixer didactiquement. Ainsi, d'une part, le moderne empirisme de Bacon, transformé en sensualisme par Locke, et dépouillé finalement par Reid de toute valeur intellectuelle, présente aujourd'hui, dans l'école d'Écosse, c'est-à-dire, dans son dernier développement, les caractères précis que nous venons de signaler comme étant les principes théoriques du parti de l'expérience; et, de l'autre part, le moderne intellectualisme de Descartes, transformé en rationalisme par Leibnitz, et porté finalement par Kant à sa plus haute valeur intellectuelle, présente aujourd'hui, dans l'école de Vienne (*), c'est-à-dire, dans son dernier développement, les caractères précis que nous venons de signaler comme étant les principes théoriques du parti de la révélation.

Que l'on ne s'imagine pas qu'il existe en outre, avec influence sur la société, des doctrines philosophiques plus sages en apparence, en ce qu'elles sont placées entre les deux extrêmes auxquels vient enfin d'aboutir, d'une manière didactique et positive, le développement de la culture intellectuelle de l'humanité. Tous les éclectismes modernes, qui ne sont que ce que l'on nomme vulgairement des pots-pourris philosophiques, proviennent, tour à tour, ou d'une inconséquence logique, ou d'une timidité morale, ou du désir d'innovation de la part de leurs auteurs; et ils ne servent qu'à relever davantage, par leur rapsodique combinaison de principes hétérogènes, la pureté systématique des deux seules doctrines qui, par l'homogénéité de leurs principes respectifs, sont, l'une et l'autre, également irréfragables, et forment ainsi le partage actuel de la raison.

Que l'on ne s'imagine pas non plus que ces deux doctrines philosophiques n'ont pas, sur la société, l'influence prépondérante que nous leur assignons ici dans l'opposition des deux partis politiques qui, dans ce moment, se disputent le gouvernement du monde; car, pour toute objection, il nous suffirait de demander quels autres principes théoriques on peut assigner à ces partis? Mais, on comprendra mieux encore cette influence exclusive, lorsqu'on approfondira, d'un côté, la direction qui, pour l'un de ces partis, vient de l'Angleterre, siége de l'une de ces doctrines, et de l'autre côté, la direction qui, pour le deuxième de ces partis, vient actuellement de l'Autriche, siége de l'autre de ces doctrines. Et l'on s'éclaircira complètement la grave importance de ces doctrines philosophiques, lorsqu'on méditera les conséquences pratiques qui résultent respectivement des principes théoriques que nous venons de reconnaître; conséquences que nous avons promis d'en déduire et que nous allons aborder.

Les préceptes pratiques, quelles qu'en soient les maximes, se partagent notoirement en trois grandes classes, savoir: les préceptes moraux, les préceptes religieux, et les préceptes politiques; en comprenant, dans la première de ces classes, les deux sous-classes de préceptes juridiques et de préceptes éthiques. — C'est donc

(*) Voyez surtout les écrits récens de Fréd. Schlegel : *Philosophie des Lebens* (1828), *Philosophie der Geschichte* (1829), etc.

suivant cette classification didactique que nous allons déduire ici les préceptes fondamentaux des deux partis qui nous occupent.

Or, pour ce qui concerne d'abord la morale, en approfondissant le sens des principes théoriques de ces partis sociaux, tels que nous les avons établis plus haut, on reconnaîtra facilement que la loi fondamentale de la morale est, pour le parti de l'expérience, l'INTÉRÊT GÉNÉRAL des hommes en société, et pour le parti de la révélation, LA VOLONTÉ DIVINE. En effet, d'une part, lorsqu'il n'existe d'autre vérité que celle qui est le résultat de la réaction de la matière, et d'autre bien que celui du bien-être, il ne saurait exister de morale que dans la conformité des actions humaines avec l'intérêt général des hommes; et, de l'autre part, lorsque la vérité est le résultat d'un acte effectif de Dieu, et le bien la perfection que l'homme déchu ne peut recevoir que du Créateur, la morale ne saurait consister que dans la conformité des actions humaines avec la volonté divine.

Et alors, le précepte juridique fondamental sera, pour le parti de l'expérience, qu'il n'existe de droit, ni par conséquent de devoir juridique, autrement que par une CONVENTION MUTUELLE des hommes (*ex pacto*), et pour le parti de la révélation, qu'il n'existe de droit, ni par conséquent de devoir juridique, autrement que par UNE LÉGISLATION DIVINE (*ex lege*). Ainsi, d'après le premier de ces partis, la faculté juridique de coërcition émane d'un contrat synallagmatique; et, d'après le second de ces partis, cette faculté de coërcition émane d'une institution divine. Et de-là viennent, d'une part, la souveraineté du peuple, le contrat social, le jury, etc.; et de l'autre part, la souveraineté par la grâce de Dieu, l'inviolabilité du chef de l'état, le droit canonique, etc.

De plus, suivant toujours les lois fondamentales de la morale, que nous venons de déduire respectivement pour les deux partis sociaux, on reconnaîtra que le précepte éthique fondamental sera, pour le parti de l'expérience, qu'il n'existe de vertu, ni par conséquent de devoir éthique, ailleurs que dans la SATISFACTION qui résulte de l'avancement de l'intérêt général, et pour le parti de la révélation, qu'il n'existe de vertu, ni par conséquent de devoir éthique, ailleurs que dans la PEINE qui résulte de l'abnégation des intérêts privés. Et de-là viennent, d'une part, la PHILANTHROPIE, avec son pompeux cortége de bienfaisances, publiques et privées; et de l'autre part, la CHARITÉ, avec son modeste cortége de vertus chrétiennes.

Pour ce qui concerne ensuite la religion, en nous tenant toujours strictement aux principes théoriques susdits, nous en déduirons, pour les deux partis sociaux, les résultats respectifs que voici.

En premier lieu, pour le parti de la cognition ou de l'expérience, partant de l'essence de la pensée, telle qu'elle est établie dans le troisième des principes de ce parti, on peut bien, par induction, assigner une cause première à l'univers; mais cette cause, quel qu'en soit le nom, Être-Suprême, ou tout autre, est nécessairement matérielle, et se trouve encore dépourvue de la pensée, parce qu'elle est la cause première de tout, et par conséquent la cause de cette modification de la matière qui constitue la pensée. — Tel est le résultat immédiat auquel conduit ce troisième principe du parti de l'expérience, en n'admettant, comme ce parti le fait communément, d'autre fonction intellectuelle que l'INDUCTION pour l'établissement et l'extension de nos connaissances positives, au-delà de ce que nous apprend directement la simple sensation. Et alors, l'ATHÉISME est la conséquence logique nécessaire et inévitable de ce parti de l'expérience.

Toutefois, l'induction n'appartient qu'à l'une de nos diverses facultés intellectuelles, propres à étendre la sphère de nos connaissances; et nommément, l'induction n'est que l'une des deux fonctions constituantes du simple *jugement réflectif* (*), qui lui-même n'est qu'une des parties de l'ensemble systématique de notre intelligence. Il existe chez l'homme d'autres facultés intellectuelles, encore plus irrécusables que celle de la simple induction, parce que l'essence intime de notre savoir, en y comprenant même notre savoir inductionnel, en dépend nécessairement; et ces facultés supérieures sont tout aussi propres que celle de l'induction à l'établissement et à l'extension de nos connaissances positives: elles le sont même davantage, parce que leurs produits intellectuels, c'est-à-dire, les connaissances qui en résultent, sont doués du caractère de nécessité, tandis que les produits de l'induction n'ont jamais, ni ne peuvent avoir que le caractère de contingence. Or, en nous plaçant dans le point de vue du parti de la cognition ou de l'expérience, rien n'empêche, conformément au troisième des sept principes théoriques de ce parti, qui établit que la pensée n'est qu'une modification de la matière, rien n'empêche, disons-nous, que les facultés supérieures dont nous venons de parler, et généralement l'ensemble de notre intellect, ne soient, de même que l'induction et les règles logiques, considérées comme étant de simples modifications de la matière, entièrement homogènes avec elle. Et cela n'est pas tout-à-fait une innovation; car, si l'on considère les lois de notre intellect, et par conséquent ses diverses parties constituantes, comme autant de FORMES inhérentes à l'essence de notre pensée, ainsi que Kant l'a fait expressément, il s'ensuit, par une conséquence nécessaire, que lorsque, suivant les principes fondamentaux du parti de la cognition ou de l'expérience, on établit que la pensée n'est qu'une modification de la matière, toutes ces facultés supérieures de l'homme, en un mot, tout ce qui tient, d'une manière quelconque, à la pensée, n'est aussi qu'une modification de la matière. Et alors, en étendant ainsi la sphère intellectuelle de ce parti de l'expérience, c'est-à-dire, en y légitimant, d'une manière logique, l'usage des

(*) Il ne faut pas s'imaginer que les termes techniques de la philosophie, dont nous nous servons ici, sont de notre invention. Il faut savoir que, dans les nouvelles écoles philosophiques, qui dominent aujourd'hui le savoir humain et la civilisation européenne, tous les mots que nous employons, sans exception, sont établis classiquement, et déterminés avec une plus grande précision que ne le sont encore ceux dont se servent aujourd'hui les sciences. — Or, cette philosophie moderne entend, par le *jugement réflectif* dont il s'agit ici, cette partie du jugement logique de l'homme qui opère par *analogie* et par *induction*.

facultés supérieures à celle de la simple induction, un horizon plus vaste se découvre pour les connaissances positives de ce parti ; et, dans cet horizon, il se présente une perspective un peu plus rassurante pour la religion, comme nous allons le voir.

Sans entrer dans le développement de ces lois supérieures de l'intellect humain, auxquelles nous devons provisoirement (*) renvoyer le lecteur qui voudrait approfondir davantage et surtout juger ces grandes questions, il nous suffira ici de rappeler que, parmi les lois fondamentales de l'entendement de l'homme, lois qui constituent les catégories de son intelligence, celle à laquelle aboutit cette législation intellectuelle, établit les principes opposés de CAUSALITÉ et de SUBSTANTIALITÉ, dans leur concours mutuel à la génération de l'idée de la FORCE, avec ses caractères d'ACTION et de RÉACTION. Or, si l'on applique à ce plus haut produit de l'entendement, qui se réalise à chaque instant dans l'expérience, la tendance de notre raison vers l'absolu ou vers ce qui est inconditionnel, tendance qui, dans le point de vue où nous sommes placés, ne serait non plus qu'une modification de la matière, on est conduit à l'idée absolue d'une SUBSTANCE CAUSALE ou d'une FORCE PRIMITIVE, dont la conception est transcendante, c'est-à-dire, placée hors de la portée de l'expérience, mais dont la génération est positive et irrécusable dans notre intellect. Et si l'on considère de plus que cette substance causale, comme archi-substance, doit impliquer tous les attributs des substances qui en dérivent dans le monde, et parmi lesquels se trouve la pensée, comme modification de ces substances matérielles, on accomplit cette idée absolue d'une substance causale et inconditionnelle, en la revêtant de l'attribut de l'intelligence, et en l'élevant ainsi à l'idée de DIEU, également absolue et transcendante. Mais, comme telle, cette idée primordiale, étant placée au-delà des limites de l'expérience, et même au-delà de sa condition intellectuelle, le temps, n'implique aucun contenu réel, et n'offre ainsi qu'un *schéma* intellectuel, c'est-à-dire, une règle ou un modèle pour la conception d'une idée positive de Dieu, s'il était donné à la raison humaine d'avoir jamais cette idée positive.—C'est dans ce vague transcendant, dans cette indétermination absolue de l'idée de Dieu, que le parti de la cognition ou de l'expérience, en se prévalant de ces hautes conditions de l'intellect de l'homme, peut s'élever à la doctrine également vague et indéterminée du DÉISME, doctrine qui n'offre ainsi, sous le nom de religion, qu'une conception aussi stérile pour nos spéculations théoriques, qu'insuffisante pour nos vues pratiques.

Il faut ici remarquer que cette doctrine du déisme, à laquelle aboutit la portion la plus noble de la masse de ceux qui suivent les drapeaux de la cognition ou de l'expérience, est aussi la doctrine religieuse à laquelle aboutit actuellement le protestantisme, cette grande scission religieuse qui, par ses vues éclairées, résultant manifestement d'une disposition providentielle du monde, a servi de base, dans la chrétienté, au développement de ce parti social de l'expérience, et d'égide à son éta-

(*) Dans la présente philosophie absolue, toutes ces lois intellectuelles se trouveront, en leur lieu, déduites rigoureusement, par la loi de création elle-même.

blissement européen. Et ce qui complète cette concordance, c'est que ce terme actuel du protestantisme, qui se manifeste universellement par sa dégénération en socianisme rationnel, lequel n'est plus aujourd'hui qu'un simple déisme, a été amené par un développement progressif, et tout-à-fait cognitif, de cette partie de la théologie des protestans qui, en quelque sorte, en est la philosophie, c'est-à-dire, par le développement de la partie dogmatique de leur théologie.

Enfin, un dernier trait caractéristique que présente cet aspect religieux du parti de la cognition ou de l'expérience, c'est la combinaison de sa doctrine du déisme avec ses idées éthiques, c'est-à-dire, avec sa doctrine de la philanthropie. — Le but de ce mélange, qui n'a aucun principe d'unité, est une espèce de communauté entre Dieu et les hommes; et les sectateurs outrés de cette prétendue communauté se donnent ainsi le nom barbare de *théophilanthropes* (*). Mais, comme les élémens de cette combinaison sont, l'un, vide de toute réalité, et l'autre, vide de toute obligation morale, la réunion de ces élémens, qui d'ailleurs est purement arbitraire, ne présente rien de sacré, ni même rien de respectable.

En deuxième lieu, pour le parti du sentiment ou de la révélation, on peut déduire, encore plus facilement, ses préceptes religieux des principes théoriques de ce parti social, parce que ces principes, tels que nous les avons établis plus haut, se lient intimement à la divinité. — En effet, l'idée de Dieu, prise dans son application pratique, résulte immédiatement de ces principes; et elle implique ainsi, comme attributs de la divinité, les caractères distinctifs d'une sagesse infinie et d'un pouvoir sans bornes, desquels dérivent, comme propriétés divines, une bonté inaltérable, une justice infaillible, et une miséricorde ineffable. Et telle est aussi, comme principe de la religion, l'idée positive, et pleine de réalité, de ce parti de la révélation.

De plus, considérant, d'une part, la chute morale de l'homme, qui est l'objet du deuxième des principes de ce parti social, et de l'autre, la perfection morale, qui est l'objet du quatrième de ces principes, on conçoit que, dans l'état déchu où l'homme se trouve ainsi, il ne peut s'élever à cette PERFECTION MORALE, à sa RÉHABILITATION, qu'il considère comme son bien suprême, autrement que par l'assistance miséricordieuse de Dieu. En effet, dans l'état de sa chute morale, l'homme ne saurait s'élever aux régions des vérités absolues, où il pourrait, par lui-même, se donner la force nécessaire pour arriver à sa perfection morale : il ne peut donc passer de son état actuel d'erreur et de vice à l'état éternel de vérité et de perfection, autrement que par la grâce divine. Tout ce qu'il peut faire, c'est de se rendre au moins digne, par l'aveu du PRÉCEPTE MORAL, de cette grâce dont dépend son avenir glorieux, qu'il ne peut se donner lui-même. — Et c'est là, pour ce parti du sentiment, le but saint de la religion, formant ainsi, dans cette première détermination pratique de la révélation (**), la *religion primitive* ou le THÉISME.

(*) Suivant le génie de la langue grecque, il aurait au moins fallu se nommer *théanthropophiles*.

(**) C'est à cette première détermination pratique de la révélation qu'appartiennent l'Ancien-Testament,

Cependant, comme la justice divine doit être apaisée, parce que, sans blesser l'infinie raison qui préside à la création, l'immortalité ne saurait être rendue gratuitement aux coupables, il faut une expiation de leur péché; expiation que l'homme seul doit accomplir, et que, dans l'état de sa chute, il ne peut même pas concevoir. Il faut donc qu'un rayon céleste, une flamme divine se revête de l'humanité, en se soumettant à toutes ses conditions de souffrances et de mort, pour que cette âme divine, ce VERBE ou FILS DE DIEU, étranger au péché de l'homme déchu, et libre ainsi du pacte qu'alors il a contracté avec le démon, puisse concevoir et accomplir le grand sacrifice du salut de l'humanité. — Or, c'est l'intervention divine de ce SAUVEUR qui, pour le parti du sentiment, constitue l'accomplissement de la religion, et forme ainsi, dans cette deuxième détermination pratique de la révélation (*), la *religion développée* ou le CHRISTIANISME.

Enfin, considérant la morale comme étant l'expression immédiate de la volonté divine, c'est-à-dire, l'expression de la législation suprême de Dieu, le parti du sentiment ou de la révélation présente aussi un dernier trait caractéristique de son aspect religieux, en cherchant à réaliser, sur la terre, par une réunion spirituelle des hommes, le règne de Dieu, résultant ainsi de sa législation suprême. — Il s'établit par là une véritable communauté entre Dieu et les hommes, ayant pour objet de régler les actions humaines, non dans leurs effets extérieurs, ce qui concerne l'état, mais dans leurs causes intimes, c'est-à-dire, dans les maximes mêmes de ces actions. Et c'est cette communauté spirituelle, fondée logiquement sur un principe réel d'unité, et moralement sur un principe impératif de soumission universelle à la volonté divine, c'est cette communauté, disons-nous, qui, pour le parti de la révélation, est l'objet sacré de l'union des hommes dans la société morale constituant L'ÉGLISE.

Pour ce qui concerne, en dernier lieu, les préceptes politiques des deux partis dont nous fixons ici les caractères distinctifs, préceptes qui, d'après ce que nous avons remarqué plus haut, couronnent le système de déductions pratiques dans toute doctrine, il est manifeste, par la raison que la politique a généralement pour objet la garantie physique ou temporelle des lois morales, c'est-à-dire, la sûreté réciproque des hommes réunis en société, que les préceptes politiques des deux partis dont il s'agit, découlent respectivement des préceptes juridiques de ces partis, parce que ce sont ces préceptes juridiques qui constituent la réalisation physique ou, en quelque sorte, la corporification des lois morales. — Ainsi, partant respectivement des préceptes juridiques que nous avons reconnus plus haut pour les deux partis sociaux, on découvrira, d'une part que le précepte politique fondamental du parti de la cognition ou de l'expérience est L'INDIVIDUA-

---

et par conséquent la religion du peuple d'Israël, dont la haute attente du Messie accuse le pressentiment, tout à la fois, et de la révélation du verbe et de la solution de ce grand problème.

(*) C'est cette deuxième détermination pratique de la révélation qui constitue le Nouveau-Testament.

LISATION de l'autorité de l'état dans chacun des membres composant la société politique, comme étant une partie intégrante de cette autorité souveraine; et, de l'autre part, que le précepte politique fondamental du parti du sentiment ou de la révélation est L'UNIVERSALISATION de l'autorité de l'état dans un seul membre de la société politique, comme étant le représentant de l'institution divine de cette autorité souveraine.

De-là viennent, d'abord, pour la formation des états, chez le parti de l'expérience, une tendance politique vers cette forme de gouvernement qui constitue la RÉPUBLIQUE, où toutes les autorités sont instituées par une élection libre, et se trouvent ainsi responsables de leur gestion, suivant la teneur même du contrat social; et chez le parti de la révélation, une tendance politique vers cette forme de gouvernement qui constitue la MONARCHIE, où le chef de l'état est institué de Dieu, et se trouve ainsi sacré et inviolable dans sa personne. Et de-là viennent, ensuite, pour la formation de la société politique universelle, chez le parti de l'expérience, une tendance politique vers la FÉDÉRATION des états, dont celle des États-Unis d'Amérique présente déja un foible exemple; et chez le parti de la révélation, une tendance politique vers la THÉOCRATIE, dont celle des papes, dans le moyen âge, présente également une espèce d'exemple.

Quant aux moyens organiques par lesquels les deux partis cherchent à réaliser respectivement leurs tendances politiques, ils résultent naturellement, tout à la fois, et de leurs principes théoriques et de ces vues pratiques elles-mêmes. Ainsi, pour la formation des états, le parti de l'expérience introduit la SÉPARATION des pouvoirs politiques, dans toutes les ramifications de leurs classes principales, savoir, du pouvoir législatif, du pouvoir exécutif, et du pouvoir judiciaire; et le parti de la révélation introduit au contraire la CONCENTRATION de tous les pouvoirs politiques dans la personne du chef de l'état. De même, pour la formation de la société politique universelle, le parti de l'expérience se fonde principalement sur le mécanisme ou sur l'inertie de L'ÉQUILIBRE POLITIQUE entre les états fédérés; et le parti de la révélation se fonde principalement sur l'esprit libre ou spontané de la SAINTE-ALLIANCE entre les états qui se placent ainsi sous l'égide immédiate du Tout-Puissant.

Mais, ce qui caractérise ici essentiellement les deux partis, c'est leur tendance finale vers l'établissement de la société universelle, savoir, chez le parti de l'expérience, par une fédération générale des états, fondée sur la législation humaine de leur commun INTÉRÊT TERRESTRE; et chez le parti de la révélation, par une théocratie générale des états, fondée sur la législation divine de leurs communes DESTINÉES SUPRÊMES. Et c'est là respectivement le BUT FINAL de chacun de ces partis, c'est-à-dire, le but même de l'existence de l'humanité.

En accomplissant ces fins respectives, chacun des deux partis opposées prétend, avec une égale conviction, pouvoir amener l'humanité aux fins absolues de son existence; et nommément, le parti de la cognition ou de l'expérience prétend ainsi arriver, par le développement accompli de la PERFECTIBILITÉ de l'espèce humaine, au BIEN-ÊTRE GÉNÉRAL des hommes, qui, d'après les principes théoriques de ce parti, est le bien suprême de l'humanité; et le parti du sentiment ou de la révélation prétend ainsi arriver, par l'assistance de la GRACE DIVINE, à la PERFECTION MORALE des hommes, qui doit opérer leur RÉHABILITATION ou le retour à l'état D'IMMORTALITÉ, et qui, par là même, d'après les principes théoriques de ce parti, est le bien suprême de l'humanité.

Voilà donc, comme produit de la présente déduction historique, dans toutes leurs vues, théoriques et pratiques, depuis leur principe premier jusqu'à leur but final, les traits caractéristiques des deux partis sociaux qui, dans ce moment, au point où est arrivé le développement progressif de l'humanité, partagent, avec une égale force, l'empire de la raison, en se plaçant respectivement dans deux antithèses par rapport à toutes leurs considérations. Et ces antithèses sont tellement prononcées que nous n'avons pas besoin de relever davantage l'opposition de toutes les vues de ces partis. — La contradiction dans leurs principes et dans leurs fins se trouve donc établie d'une manière positive; et nous arrêterons ici que L'ANTINOMIE SOCIALE, qui a été l'objet de cette déduction historique, résulte incontestablement, comme fruit de la civilisation entière, du progrès général de l'humanité, au point où elle est parvenue aujourd'hui.

Bien plus, par suite de cette déduction, nous pouvons même découvrir la loi qui régit cette antinomie sociale, et qui détermine ainsi la nature spéciale de l'opposition qui en est l'objet. En effet, si l'on remonte aux principes premiers de ces antithèses, consistant en ce que l'un des deux partis sociaux développe la COGNITION, et l'autre le SENTIMENT, on découvre facilement que les tendances respectives de ces partis, dans toutes leurs vues, théoriques et pratiques, sont, pour celui de la cognition, le triomphe ou l'obtention du VRAI, et pour celui du sentiment, le triomphe ou l'obtention du BIEN. — Telle est donc la LOI GÉNÉRALE qui préside à l'établissement de toutes les antithèses dans la grande antinomie sociale dont il s'agit; et telle est, par conséquent, la loi qui fixe, avec précision, tout à la fois, et les caractères distinctifs des deux partis sociaux, et surtout, comme nous venons de le dire, la nature spéciale de leur opposition.

Déjà en 1819, dans le deuxième numéro du *Sphinx*, nous avons dévoilé cette importante et décisive loi de l'actuelle antinomie sociale. — Hélas! nos contemporains n'y ont pu rien voir jusqu'à ce jour. — Dans la présente doctrine du messianisme, nous montrerons quelles conséquences majeures l'humanité peut et doit tirer de cette loi positive, que, dès aujourd'hui, nous déclarons être la LOI DU PROGRÈS de l'humanité. Nous apprenons ainsi, dès ce moment, qu'étant dirigés par cette loi, les deux partis sociaux ont pour objet final de produire ou de créer sur la terre, l'un, le VRAI, et l'autre, le BIEN, ces deux élémens primordiaux du monde, desquels dépend l'accomplissement de la création par l'homme.

CHAPITRE SECOND.

DÉDUCTION RATIONNELLE DE L'ANTINOMIE SOCIALE.

Nous avons dit plus haut que la présente déduction, servant à compléter ou plutôt à expliquer la déduction historique que nous venons de donner, doit avoir pour objet d'établir définitivement les conditions de l'antinomie sociale comme provenant des principes intimes de la réalité de l'homme. Et, dans le chapitre précédent, nous avons signalé la faculté de la RAISON comme étant le principe premier de toute réalité humaine. — Ainsi, c'est de la raison elle-même que nous avons ici à déduire ces fatales conditions de sa propre antinomie.

Déjà, dans la déduction précédente, pour établir quelques considérations philosophiques, sommes-nous remontés à l'essence de la raison, où nous devons nous placer actuellement pour en tirer la CERTITUDE APODICTIQUE, infaillible, dont nous voulons revêtir ces critiques conditions de la présente antinomie sociale, qu'il nous importe de constater irréfragablement. — Nous supposons ainsi, comme cela est d'ailleurs impératif pour tout homme, que LA VÉRITÉ ÉMANE DE LA RAISON ; et nous en offrirons une déduction absolue, déjà dans le présent opuscule, dans ce prodrome même du messianisme.

Tout ce que nous dirons ici, par anticipation sur cette déduction absolue de l'origine de la vérité, c'est que, pour arrêter ou du moins pour fausser les progrès de l'humanité, des sectes mystiques, ces ennemies de l'espèce humaine, ont cherché, de tout temps, à infirmer l'autorité infinie de la raison, en prétendant que les vérités primordiales sont révélées à l'homme par le sentiment, et non par la raison, à qui, d'après ces sectes, elles demeurent inaccessibles. Nous verrons, dans la déduction absolue que nous annonçons, toute l'absurdité de cette prétention. Mais, ce qui met le comble à cette absurdité, c'est que récemment quelques unes de ces sectes perverses, voulant tout à coup feindre une marche didactique, ont avancé que le sentiment est la faculté d'établir des principes, et que la raison n'est que la faculté d'en tirer des conséquences. Ces sectes s'ouvraient ainsi la voie pour ériger en principes leurs immorales innovations, qu'elles produisent pour bouleverser l'ordre social et même les buts sacrés du Créateur ; innovations qu'elles tirent en effet de leur sentiment immonde, flétri par l'ancien péché, comme il est dit dans le XIIIe problème messianique. Heureusement, cette perversive jonglerie, soi-disant philosophique, n'exige même pas, pour être réfutée, de hautes déductions messianiques : il suffit de montrer qu'elle est le produit d'une profonde ignorance philosophique ; car, comme cela est connu de tout homme qui a approfondi la philosophie de la logique, la faculté de principes implique NÉCESSAIREMENT la faculté de conséquences, et réciproquement, de sorte que ces deux facultés n'en font qu'une seule, vu qu'il ne saurait absolument y avoir ici de diversité. Il est vrai que le sentiment, tout comme la sensation, l'imagination, l'entendement, et tout autre de nos facultés psychologiques, peut fournir des matériaux pour former des principes; mais, la raison seule peut, PAR SON AVEU SPONTANÉ, élever ces matériaux ou ces propositions intellectuelles au rang de PRINCIPES, tout comme elle peut seule, en les constituant ainsi principes, en tirer des CONSÉQUENCES. — Nous pensons qu'en ayant égard à la dangereuse perversion que ces hommes cherchent à introduire dans la génération présente, au moment surtout où se développe la critique antinomie sociale qui nous occupe, le lecteur nous excusera d'avoir ici interrompu un instant nos graves recherches, pour descendre dans les repaires de ces hommes mystérieux.

Retournons à ces recherches, et, suivant notre but présent, abordons définitivement la détermination rationnelle de l'antinomie sociale, qui doit établir, avec infaillibilité, les fatales conditions de cette antinomie, en les déduisant de l'essence même de la raison de l'homme. Et pour procéder ici avec méthode, en reconnaissant, dans la raison, sa double et inséparable faculté de principes et de conséquences, fixons successivement, dans les deux paragraphes suivans, les principes et les conséquences de l'antinomie sociale dont il s'agit.

§. I. — PRINCIPES DE L'ANTINOMIE SOCIALE.

Après un long développement spontané, dont on connaît bien les faits, tels que l'histoire nous les apprend, mais dont on ignore encore entièrement la signification et les lois (*), l'humanité est parvenue, comme nous venons de le voir, à une contradiction générale dans sa raison, concernant toutes ses relations sociales, industrielles, politiques, religieuses, et littéraires. Et c'est là incontestablement l'ÉTAT CARACTÉRISTIQUE de l'humanité actuelle.

Le peu que nous en avons pu dire dans le premier numéro du *Sphinx*, où cette antinomie sociale fut, pour la première fois, dévoilée dans ses principes et dans ses conséquences, suffit, sous un aspect philosophique, pour établir irrécusablement que, dans l'état actuel de la culture de l'homme, les deux partis politiques, les libéraux et les illibéraux, comme nous continuerons ici à les désigner pour préciser nos expressions, ont également, et au même degré, RAISON et TORT. En effet, on y voit, avec assez de clarté, que l'un et l'autre de ces partis ont leurs fondemens, d'une manière immuable, dans les principes in-

(*) Dans l'*Introduction au Sphinx*, publiée en mars 1818, nous avons, par anticipation sur la doctrine du messianisme, signalé un aperçu de ces lois philosophiques de l'histoire, présentant leurs RÉSULTATS pour le développement accompli de l'humanité; lois que la présente doctrine dévoilera incessamment dans tous leurs détails.

times de la raison humaine; et l'on y voit, avec tout autant de clarté, que l'un et l'autre de ces partis trouvent leur écueil, d'une manière inévitable, dans ces mêmes principes de la raison humaine. Il faut bien se pénétrer de cette vérité; il faut surtout chercher à l'approfondir pour en saisir le sens absolu, afin de concevoir tout ce qu'il y a de sérieux dans ce jeu fatal de la destinée du monde civilisé. On comprendra alors, comme nous l'avons déjà dit dans le *Sphinx*, que nul effort, quelque puissant qu'il soit, ne saurait évincer l'un de ces partis pour faire triompher l'autre; et l'on acquerra la conviction qu'une telle entreprise serait déjà une absurdité. Ni, d'une part, l'alliance générale des souverains, l'assistance de la religion, et la puissance des colonies d'armées, ni, de l'autre, la tendance générale des sujets, l'influence des lumières, et la puissance des richesses industrielles, ne peuvent plus l'emporter aujourd'hui, les unes sur les autres, dans cette balance arrêtée par la raison. Ce serait méconnaître l'infinie puissance de la vérité que de croire que l'on pourrait, par quelques artifices, plus ou moins habiles, changer cette inflexible destinée du monde. Sans doute, on peut, pour quelques instans, en favorisant des vues personnelles, faire osciller cette balance; mais, détruire l'équilibre qui y est établi, cela est aussi impossible que de détruire les fins elles-mêmes de l'univers.

Ce qui devrait surtout épouvanter les gouvernemens, c'est l'ignorance profonde qui règne, dans toute l'humanité, à l'égard de ses destinées actuelles, aussi graves qu'inévitables. L'aveuglement universel sur ce point, même parmi les hommes les plus éclairés, ne peut être comparé qu'à l'acharnement implacable avec lequel se poursuivent, en cherchant à se détruire, les deux partis, indestructibles par leur essence. Mais, quand même on parviendrait à établir publiquement la vérité de cette antinomie sociale, les ténèbres qui couvrent ainsi l'avenir de l'humanité, n'en seraient nullement dissipées. Qui pourrait en effet, dans l'état actuel des lumières, entrevoir un terme quelconque à cette contradiction de la raison elle-même, aussi funeste en apparence que nécessaire en toute réalité?

Tout ce que l'on pourrait apercevoir, c'est, comme nous venons de l'arrêter dans la LOI DU PROGRÈS de l'espèce humaine, que les libéraux demandent le triomphe du VRAI, et que les illibéraux demandent le triomphe du BIEN. Et cet aperçu, loin de servir de guide, ne servirait qu'à égarer davantage, ou plutôt à faire désespérer de toute issue favorable à l'humanité. Comment en effet, pourrait-on espérer aujourd'hui une conciliation possible entre le vrai des libéraux et le bien des illibéraux? Le premier nous est donné tout simplement par notre réalité physique, c'est-à-dire, par notre cognition ou notre savoir temporel; et il n'a ainsi d'autre garantie que la CERTITUDE acquise par L'EXPÉRIENCE : il n'est donc que le vrai relatif à nos CONDITIONS PHYSIQUES, et il demeure au dessous de la raison, qui, pour ainsi dire, le dédaigne et demande impérativement le VRAI ABSOLU. Le second nous est donné tout aussi simplement par notre réceptibilité morale, c'est-à-dire, par notre sentiment religieux, et il n'a ainsi d'autre garantie que la CROYANCE fondée sur la RÉVÉLATION : il n'est donc, à son tour, que le bien relatif à nos CONDITIONS MORALES, et il demeure également au dessous de la raison, qui, sans le dédaigner, demande tout aussi impérativement le BIEN ABSOLU.

Il existe donc un précipice entre le vrai des libéraux et le bien des illibéraux, entre ces deux termes suprêmes et opposés, auxquels court aujourd'hui, tête baissée, l'humanité tout entière, partagée en deux masses ennemies. Et, au milieu de ce tumulte et d'une telle obscurité, quel est l'homme qui voudrait franchir ce précipice? Quel est l'homme assez habile qui voudrait y établir un pont, pour passer de l'une à l'autre entre ces extrémités des conditions humaines? Quel est enfin l'homme assez clairvoyant qui puisse distinguer, du moins dans un avenir bien éloigné, un rapprochement quelconque entre ces tendances si intimement hétérogènes?

Non, rien autre que la ruine de l'humanité ne peut être aperçu à travers les ténèbres qui, de toutes parts, nous environnent aujourd'hui. Et nous avons le triste avantage d'avoir signalé les premiers, dans le *Sphinx*, cet immense et épouvantable écueil. Quelque faible que fût même encore la lueur dont il se trouvait éclairé, sa masse imposante paraît avoir frappé assez vivement pour que la vérité de son existence se frayât le chemin jusqu'aux trônes; car, un ministre de France (*) a appris au public que l'empereur Alexandre avait redouté à Vérone « le péril du monde civilisé »; et certes, nulle part ailleurs que dans le *Sphinx* un tel péril ne fut encore signalé d'une manière assez fondée pour effrayer les souverains.

Cependant, cette fatale antinomie sociale, qui nous présage aujourd'hui une fin si terrible, doit, dans les vues sages de la création, avoir une destinée bien différente. — Eh quoi! si cette antinomie dans les conditions humaines, désastreuse en apparence, n'était, en toute réalité, qu'un grand bienfait du Créateur, pour provoquer l'homme à produire lui-même, au milieu de cette profonde obscurité, où il est ainsi jeté à dessein, une clarté supérieure, une lumière absolue et impérissable! C'est ce que nous pouvons annoncer aujourd'hui positivement, pour compléter ce qui, à cet égard, a été révélé dans le *Sphinx*, et pour soulever ainsi le voile qui, de ce côté, couvre les destinées de la terre.

Mais, pour mieux reconnaître les conditions de ces vues nouvelles, nous allons d'abord reproduire ici, tels que nous les avons établis dans le *Sphinx* (**),

(*) M. de Chateaubriant. — Mais, nous apprenons que c'est M. Bergasse qui, dans sa correspondance avec l'empereur Alexandre, a révélé à S. M. « ce péril du monde civilisé », en suivant les principes publiés dans le *Sphinx*.

(**) Afin de rendre systématique et complète la présente doctrine du messianisme, nous devons reproduire ici les principes qui la concernent, et qui, pour faire un premier appel à la raison de nos contem-

les principes fondamentaux des deux partis qui, à l'époque où nous sommes, partagent l'ordre social, et, par leur lutte systématique, mettent en contradiction, avec elle-même, la raison humaine. — Les voici.

Consciens de leur réalité propre, manifestée dans le savoir (*), et garantie par la certitude, sous les conditions du temps, sous lesquelles nous vivons, les uns s'attachent à cette réalité temporelle ou relative au monde physique, l'érigent en but suprême de l'humanité, et s'affranchissent ainsi de toute dépendance étrangère. Ce sont là notoirement les partisans de l'indépendance absolue, connus sous le nom de *libéraux*. — Leur principe fondamental, qu'à la vérité ils ne connaissent pas clairement, mais dont ils ont déjà une conscience confuse, consiste en ce que LA PLUS HAUTE RÉALITÉ de l'univers est celle de la RAISON. Établis sur ce principe en quelque sorte ABSOLU, parce que lui seul peut légitimer tout autre principe quelconque, les libéraux acquièrent une force invincible, lorsque surtout ils amènent leurs vues vers ce principe absolu.

Ce n'est point depuis la révolution française, comme le croient ses partisans, et assez généralement les Français, mais bien depuis la réformation de Luther, que l'humanité est en possession de cette toute-puissance de la raison. La révolution française n'en est qu'une conséquence; et, comme telle, elle ouvre une période nouvelle, ainsi que nous le verrons ci-après. — Mais, peu importe ici l'époque de ce développement de l'humanité; revenons à la chose elle-même.

Dans sa plus grande abstraction, hors de toute condition du temps, le principe tacite des libéraux, tel que nous venons de le dévoiler, ne saurait encore être conçu par les hommes, dans l'état présent de leur culture intellectuelle. Cette suprême réalité du monde, consistant dans la raison, ne peut encore être aperçue que dans la réalité de notre SAVOIR TEMPOREL, lequel, comme COGNITION, est proprement le principe ou plutôt l'essence de notre existence physique. C'est donc cette réalité de notre savoir actuel ou temporel, ayant pour garantie la CERTITUDE, qui, dans ce moment, est le vrai principe manifeste des libéraux. Ils n'en ont même pas une connaissance claire et immédiate : à proprement parler, les libéraux, pris généralement, ne reconnaissent encore que la réalité impliquée dans notre EXISTENCE PHYSIQUE, laquelle, comme nous venons de le dire, est le résultat, ou plutôt la manifestation, en

---

poraine, furent ainsi jetés en avant dans le *Sphinx*. — Ce n'est qu'à présent, et surtout dans la doctrine elle-même, que ces principes pourront recevoir leur développement, et devenir par là intelligibles pour les hommes éclairés. — Les personnes à qui de hautes déductions philosophiques ne sont pas familières, peuvent passer le paragraphe présent, lequel, seulement comme point didactique, est essentiel dans cette doctrine, en ce qu'il sert à résoudre, d'une manière infaillible, la question, si décisive aujourd'hui, de l'antinomie de la raison humaine, où sont actuellement impliquées les destinées de l'humanité. En admettant, par suite de ce qui a été dit plus haut, l'existence de cette grave antinomie, le reste de ce prodrome n'aura rien d'inintelligible.

(*) On prend ici généralement le mot *savoir* dans son acception philosophique, comme faculté de connaître.

quelque sorte corporelle, de la réalité primitive de notre savoir, constituant le principe ou l'essence de cette existence physique. Seulement les hommes de génie, parmi les libéraux, remontent jusqu'à la réalité de notre savoir, à ce principe ou à cette essence de la réalité de notre existence temporelle; et c'est là le secret de leur supériorité.

Ainsi, suivant cette gradation dans la manifestation du principe des libéraux, il est arrêté que leur principe fondamental consiste, ostensiblement, dans la réalité impliquée en notre EXISTENCE PHYSIQUE, et secrètement, dans la réalité de notre SAVOIR TEMPOREL, développée par la COGNITION et garantie par la CERTITUDE. — C'est de-là que dérivent toutes leurs prétentions, dont nous allons ici déduire effectivement les principes particuliers.

En premier lieu, pour la recherche de la vérité, dans les sciences et dans la philosophie, le principe spécial des libéraux sera évidemment que tout ce qui n'est pas en réaction avec la réalité impliquée dans notre existence physique, est ERRONÉ; et qu'il n'y a de VRAI que ce qui est dans cette réaction. Or, cette réaction des objets de notre savoir avec la réalité contenue dans notre existence temporelle, c'est-à-dire, primitivement, avec la réalité même du savoir, est notoirement ce que l'on appelle *expérience*. Ainsi, l'expérience sera, pour les libéraux, l'unique voie légitime de la recherche de la vérité; et, par conséquent, tout ce qui ne peut être constaté par l'expérience, n'aura, pour eux, aucune réalité, ne sera qu'une chimère. — Suivant ce principe spécial, l'infini, l'absolu, Dieu, ne seront, pour les libéraux conséquens, autre chose que des CHIMÈRES; leur établissement dans le savoir humain, amené par l'analogie, sera dû à des causes accidentelles, et ne formera ainsi que des PRÉJUGÉS; enfin, l'affranchissement de ces préjugés sera opéré par une véritable force de l'esprit humain, et donnera lieu à des IDÉES LIBÉRALES, c'est-à-dire, à des idées négatives concernant l'absolu. En revanche, suivant ce même principe empirique, l'expérience, on pourra étendre à l'indéfini la sphère de notre véritable réalité, impliquée dans notre existence temporelle, c'est-à-dire, la sphère de notre cognition, en recherchant indéfiniment de nouveaux FAITS physiques, et en les subordonnant, par l'induction, à des LOIS, de plus en plus générales, et de plus en plus certaines.

En second lieu, pour ce qui concerne l'ordre social, la garantie PARFAITE ou ENTIÈRE de tous les droits, privés et publics, dans toutes leurs ramifications, politiques, économiques, religieuses et littéraires, sera nécessairement le principe spécial des libéraux. En effet, ces divers droits sont les conditions de notre existence physique, ou plutôt ils sont inhérens à la réalité elle-même qui est impliquée dans cette existence, parce qu'ils constituent la LÉGALITÉ de nos actions, qui est la règle cognitive de notre raison pratique; donc, la garantie entière ou parfaite de ces droits, étant liée nécessairement avec cette réalité supérieure qui est le principe premier ou fondamental des libéraux, devient manifestement, pour eux, le principe spécial de l'ordre politique. — Suivant ce principe, la LIBERTÉ extérieure, ou l'indépendance de tout homme de l'arbitre de tout autre homme, comme condition de la légalité de nos actions, est le droit politique fondamental ou inné, duquel dérivent tous les autres droits quelconques; et L'ÉGALITÉ des droits et des obligations en est un corollaire nécessaire. Ainsi, nul homme ne peut, par lui-même, commander aux autres hommes; et, par conséquent, la SOUVERAINETÉ dans les états politiques ne peut être que concédée par les membres de ces états en vertu d'un pacte ou d'un CONTRAT SOCIAL, manifeste ou tacite, stipulé pour le bien de la société. C'est là proprement, suivant les libéraux, la véritable et unique base juridique de la CONSTITUTION des états : toute autre prétention est un empiétement sur les droits de l'homme, et, selon la gravité, un crime de lèse-humanité. On a donc, non-seulement le droit, mais encore l'obligation de repousser ces prétentions injustes, et destructives de l'ordre social. Bien plus, en vertu de l'égalité juridique et primitive, que nous venons de déduire, tout homme, suivant une règle pénale uniforme, est punissable de toute transgression, précisément POUR LA GARANTIE de l'ordre social; et, par conséquent, sans qu'il puisse y avoir ici d'exceptions, les personnes investies du pouvoir suprême, ou de la souveraineté dans les états, en vertu du pacte social susdit, sont punissables de la transgression des clauses, manifestes ou tacites, stipulées dans ce contrat politique. On peut donc juridiquement, ou plutôt, pour la garantie de l'ordre social, on doit, d'après les libéraux conséquens, juger en toutes formes, et, s'il y a lieu, traîner à l'échafaud le souverain de l'état.

Tels sont, d'une part, les principes fondamentaux dans la grande antinomie qui, à l'époque actuelle, divise la raison humaine. — Voici quels sont, de l'autre part, les principes fondamentaux et opposés dans cette fatale antinomie.

Les idées de l'infini, de l'absolu, de Dieu, qui, selon les principes précédens des libéraux, ne sont engendrées que, suivant l'analogie, par des causes accidentelles, supposent nécessairement au moins une RÉCEPTIBILITÉ, une disposition de notre savoir de recevoir de pareilles idées. Cette réceptibilité, qui est irrécusable par le fait même de l'existence des idées absolues, est donc une partie constituante ou du moins une modification de notre savoir temporel. Elle participe donc à la réalité de ce savoir, et s'établit, avec la même force, comme réalité intégrante de l'univers. — Observons bien qu'il ne s'agit nullement des idées absolues elles-mêmes, qui peuvent êtres vraies ou fausses; il ne s'agit ici proprement que de la réceptibilité de notre savoir pour ces idées, laquelle, par le fait, est irrécusable, et aussi réelle que notre savoir temporel lui-même, dont la réalité, impliquée dans notre existence physique, est le principe premier des libéraux. Ainsi, suivant même ce principe des libéraux, on ne peut récuser la réceptibilité de notre savoir pour des idées absolues, parce que cette disposition intellectuelle est prouvée par le fait, et conséquemment par l'expérience, qui, suivant eux, est la voie légitime de la recherche de la vérité.

D'ailleurs, la réceptibilité de notre savoir pour des vérités absolues, telle que nous venons de la reconnaître, n'est rien autre que la TENDANCE de notre savoir vers l'absolu, vers ce qui est inconditionnel, vers ce qui existe par soi-même, indépendamment de toute condition étrangère; et, comme telle, cette direction de notre savoir est proprement le caractère de la RAISON. En effet, cette tendance vers des conditions supérieures rend possible la fonction générale de notre raison, consistant dans l'établissement de l'acte intellectuel du POURQUOI, qui est notoirement le caractère ostensible de la raison. C'est aussi là, dans cette direction vers l'absolu, constituant le principe ou même l'essence de la faculté de produire l'acte du pourquoi, que se trouve le caractère distinctif du savoir humain.

Or, cette réceptibilité de notre savoir pour des vérités absolues, cette tendance suprême vers l'absolu, qui est le caractère de notre raison, et par conséquent l'essence intime de notre réalité temporelle, nous rattache manifestement à la réalité absolue, parce que la dépendance réelle et indéfinie des conditions dans le monde, ou la réalité illimitée du pourquoi, qui est ce caractère de la raison, appartient évidemment à la réalité absolue. Mais, cette réalité supérieure, à laquelle nous nous trouvons ainsi attachés par notre raison, n'est point notre ouvrage, ni même notre réalité propre, comme l'est la réalité temporelle de notre savoir. Nous ne pouvons donc pas avoir une CONNAISSANCE IMMÉDIATE de la réalité absolue, comme nous l'avons de notre réalité physique, dans notre savoir, et surtout dans notre raison temporelle : nous ne pouvons que DÉDUIRE, de notre raison, cette réalité hyperphysique, à laquelle nous rattache cette faculté suprême; et cette déduction cognitive ou purement intellectuelle, par le seul moyen de notre savoir, est proprement le grand et difficile problème de l'humanité. — Toutefois, cette réalité absolue se trouvant rattachée à notre réalité temporelle par l'intermédiaire de notre raison, elle rentre dans les conditions de notre existence physique; et, comme telle, cette réalité hyperphysique peut se manifester à nous par notre SENTIMENT, qui généralement est en nous la faculté de nous rendre manifestes les conditions de notre réalité propre ou temporelle.

L'homme peut donc avoir le sentiment de la réalité absolue, de laquelle dépend la sienne propre; et, si l'on observe que cette manifestation lui vient de sa tendance vers l'absolu, qui est le caractère de sa raison, on conçoit de plus que, pour l'accomplissement de cette manifestation, constituant une condition de sa réalité propre ou temporelle, l'homme peut en outre avoir au moins un PRESSENTIMENT de l'absolu lui-même. — C'est ce pressentiment sublime qui est le principe de ceux qui, rattachant leur réalité temporelle à un ordre supérieur, et se plaçant ainsi dans une dépendance par rapport à cette réalité supérieure, sont opposées aux libéraux, et forment par là, dans la grande antinomie que nous voulons dévoiler, l'antithèse relativement à la suprématie de notre réalité propre, qui est impliquée dans notre existence physique, et qui est le principe des libéraux.

Malheureusement, d'après la déduction que nous venons de donner, ce pressentiment positif de l'absolu, quelque sublime qu'il soit d'ailleurs, n'est point encore un acte spontané de notre propre savoir; et c'est en cela précisément qu'il est méconnu ou repoussé par les libéraux, qui ne reconnaissent de réalité que dans l'action libre de notre savoir, dans la réalité intellectuelle ou cognitive de notre existence physique. Aussi, ce pressentiment de l'absolu n'est-il pas garanti par la CERTITUDE : il n'est muni que de la CROYANCE, qui au reste lui suffit complètement. Néanmoins, comme appartenant aux conditions de notre existence, ou de la réalité immédiate de notre savoir, ce pressentiment de l'absolu est également réel, et ne le cède en rien à cette réalité immédiate qui est contenue dans notre existence physique, parce qu'il est la manifestation de la condition indispensable à la possibilité même de cette dernière réalité. — Ainsi, quoique NÉCESSAIREMENT contradictoires, ces deux principes opposés, la suprématie de la réalité cognitive qui est impliquée dans notre existence physique, et l'admission d'une réalité sentimentale comme supérieure à celle de cette existence temporelle, sont également DONNÉS, et subsistent, l'un à côté de l'autre, d'une manière invincible. C'est là proprement l'origine de cette nécessaire et inévitable ANTINOMIE qui, à l'époque actuelle, divise l'ordre social et, en principe, la raison humaine.

Nous allons voir maintenant quelles sont, à leur tour, les prétentions de ceux qui, opposés aux libéraux, professent le principe du pressentiment de l'absolu, ou d'une réalité supérieure à celle qui est contenue dans notre existence purement physique. Et, pour légitimer nos dénominations, nous observerons ici que, repoussant la spontanéité spéculative de notre savoir, la liberté illimitée de l'acte cognitif de notre pensée, ces antagonistes des libéraux peuvent être désignés du nom d'*illibéraux*, que nous leur donnons par suite de cette opposition.

Or, en premier lieu, pour ce qui concerne la recherche de la vérité, il est clair que, puisque le savoir humain, qui est encore purement temporel, et par conséquent conditionnel, ne peut s'élever jusqu'à l'absolu, à ce qui est inconditionellement ou par soi-même, les illibéraux qui cultivent le pressentiment de l'absolu, et qui donnent ainsi la suprématie à cette réalité supérieure, doivent dédaigner notre savoir temporel, et ses résultats, tant scientifiques que philosophiques. Bien plus, puisque ce savoir temporel conduit au principe des libéraux, ainsi que nous l'avons vu plus haut, et nommément à leur principe fondamental, à la suprématie de la réalité inhérente à notre existence physique, les illibéraux doivent méconnaître ce savoir purement conditionnel, ou plutôt doivent le repousser des régions absolues qui sont leur domaine. Et alors, reconnaissant l'impossibilité d'exploiter ces régions supérieures avec notre savoir temporel, et par conséquent de les garantir par la certitude, les illibéraux y pénètrent avec le SENTIMENT; et, dans l'intimité de leur être, où rien ne peut effacer ce sentiment sublime de la réalité absolue, et supérieure à celle de notre existence physique, ils la munissent de l'acte de la CROYANCE. Ainsi, DIEU, cet idéal de l'absolu, comme principe, et comme conservateur de la réalité universelle, c'est-à-dire, parlant vulgairement, comme créateur du monde, et comme rémunérateur de nos actions, devient le terme satisfaisant du sentiment et de la croyance des illibéraux. C'est là leur principe de vérité; et c'est de ce principe, établi dans la RÉVÉLATION, et fondé sur LA FOI (sentiment et croyance), que dérivent toutes leurs considérations, tant spéculatives que pratiques, concernant l'univers. — On conçoit ainsi que, parmi ces considérations, celles qui sont relatives à la pratique, c'est-à-dire, au droit et à la vertu, étant rapportées à un législateur suprême et universel, doivent introduire, parmi les hommes, une unité suprême, et organiser ainsi une société morale et universelle, l'ÉGLISE, qui cherche à réaliser sur la terre le règne de Dieu, c'est-à-dire, le règne de la justice et du bien. Mais, on conçoit également que, parmi les considérations des illibéraux, celles qui sont relatives à la spéculation, c'est-à-dire, aux sciences et surtout à la philosophie, doivent nécessairement être bornées, parce qu'ils n'admettent pas, dans ce monde temporel ou physique, la possibilité de reconnaître didactiquement la vérité absolue, et parce qu'ils supposent que ce grand bien ne peut devenir notre partage qu'au de-là de la tombe.

Il est sans doute superflu de faire ici remarquer que ces principes, professés actuellement par les illibéraux, remontent au commencement du christianisme, qui est la véritable époque de ce développement de l'humanité. Ce sont là, en effet, les principes mêmes des préceptes et des dogmes de cette religion, dans les limites de sa révélation positive, où elle a dû être retenue jusqu'à ce jour. — Mais, poursuivons nos déductions.

En second lieu, pour ce qui concerne l'ordre social, suivant les principes précédens des illibéraux, on voit facilement que les sociétés physiques, les états, sont instituées de Dieu pour le bien de l'humanité, c'est-à-dire, parlant philosophiquement, que les états dérivent de la réalité absolue, pour la possibilité du développement de l'humanité, et non pas de notre réalité propre ou temporelle, laquelle dernière est un résultat de ce développement. Ainsi, d'après ces considérations des illibéraux, la souveraineté dans les états est fondée sur la GRACE DE DIEU, et non sur un pacte ou contrat social. Et par conséquent, les personnes investies de la souveraineté ou du pouvoir suprême, ne doivent compte de leurs actions qu'à Dieu seul : elles n'ont donc, sur la terre, d'autre juge que leur conscience; elles sont INVIOLABLES. Cette dépendance divine constitue leur MAJESTÉ ; et, quant aux membres des états, le sentiment de ces hautes attributions politiques, ramenant tout à la réalité absolue du monde, et réglant les actions humaines suivant cette réalité suprême, donne le droit de NOBLESSE à ceux de ces membres qui se dévouent à ce sentiment supérieur (*). Enfin, selon les illibéraux profonds et conséquens, toutes les garanties politiques ou physiques, et par conséquent, purement temporelles, doivent être ramenées à la législation spirituelle ou canonique, à la garantie ecclésiastique ou morale, et par conséquent absolue ; surtout dans tout ce qui concerne notre personnalité ou notre dignité, comme l'est, par exemple, le lien du mariage, qui, pour ne pas blesser notre infinie valeur morale, ne peut avoir lieu sans autorisation divine.

Tels sont, en résumé, les principes fondamentaux de ces antagonistes des libéraux qui, avec eux, forment, dans cette critique période de l'humanité, la grande antinomie sociale que nous avons dû chercher à déduire de l'essence même de la raison de l'homme, pour établir la preuve absolue de ce nécessaire désordre dans le monde civilisé. — Voyons maintenant les conditions inséparables de ces principes contradictoires.

D'après cette irréfragable déduction rationnelle, il est manifeste que les deux partis sociaux, quelque opposés que soient leurs principes, sont tous deux ÉGALEMENT fondés en raison. En effet, leurs principes sont, les uns et les autres, également IRRÉCUSABLES ; et c'est spécialement pour établir, d'une manière invincible, ces principes respectifs, que nous sommes remontés ici jusqu'à leur origine supérieure, qui est infaillible. Il faut donc approfondir cette haute déduction respective que nous venons de donner ; et l'on concevra enfin que les deux partis, les libéraux et les illibéraux, subsistent nécessairement dans l'humanité, en vertu de la raison elle-même. Il faut ainsi reconnaître cette fatale antinomie comme œuvre de la raison ; et, vu l'absurdité qu'il y aurait à admettre que la vérité se trouvât de part et d'autre, dans des principes entièrement opposés, nous ne pouvons nous tirer de cette désolante perplexité qu'en supposant que, malgré l'évidence de la raison, ces deux partis antagonistes, lorsqu'ils sont en contradiction logique, comme cela arrive lorsqu'ils sont considérés ABSOLUMENT, ont tort tous les deux. — Nous allons effectivement nous convaincre de la vérité de ce que nous sommes forcés de supposer.

D'une part, les libéraux, en établissant comme principe la réalité impliquée dans notre existence physique, ou même la réalité de notre savoir temporel,

(*) C'est à cette question que se rattache celle de l'HÉRÉDITÉ DE LA PAIRIE. — Ainsi, dans un véritable gouvernement constitutionnel, où, d'après ce que nous verrons ci-après, l'antinomie sociale doit être garantie rigoureusement, l'hérédité de la pairie est une condition immuable de l'existence même d'un tel état constitutionnel. — C'est là la VÉRITÉ.

n'ont évidemment, pour ce principe, d'autre garantie que ce principe lui-même, c'est-à-dire, la réalité du savoir temporel. Or, cette réalité n'est point absolue ou inconditionnelle, parce qu'elle n'a point en elle-même les conditions de son existence, comme cela est évident par le fait de ce qu'elle n'est point sa propre créatrice. Il est vrai que notre savoir actuel est déjà revêtu du caractère de NÉCESSITÉ, c'est-à-dire que les résultats de ce savoir impliquent la nécessité, plus ou moins, suivant qu'ils sont plus ou moins certains, plus ou moins réels; caractère qui paraît participer de celui de l'absolu, de ce qui est par soi-même ou inconditionnellement. Mais, cette nécessité contenue dans les résultats de notre savoir, n'est point notre propre ouvrage : elle a sa condition hors de nous, dans les objets de notre savoir; et, par là même, elle signale plutôt la dépendance de notre savoir temporel d'une réalité supérieure. Ainsi, en considérant la réalité impliquée dans notre existence physique, c'est-à-dire, la réalité de notre savoir actuel ou temporel, comme la plus haute réalité, les libéraux ont raison RELATIVEMENT à tout ce qui est en réaction avec cette réalité purement physique; mais ils ont tort sous un point de vue ABSOLU, en tant qu'ils méconnaissent, dans une réalité hyperphysique ou supérieure, les conditions desquelles dépend, à son tour, la réalité physique elle-même. — De cette manière, les deux principes secondaires de ce parti politique, concernant la recherche de la vérité et l'ordre social, c'est-à-dire, la voie empirique ou l'expérience, pour la recherche de la vérité, et la garantie parfaite et entière de tous nos droits, pour l'ordre social, sont également faux lorsqu'on les considère ABSOLUMENT, c'est-à-dire, lorsqu'on les étend au de-là des limites de notre réalité physique, jusqu'aux conditions supérieures de cette réalité purement conditionnelle. — En effet, l'expérience suppose, avec autant d'évidence que de nécessité, d'abord, la RÉACTION des objets de notre savoir entre eux et avec ce savoir, car c'est précisément dans cette réaction que consiste l'expérience, et ensuite, l'existence de la VÉRITÉ elle-même, car le but de l'expérience est précisément la recherche de la vérité. L'expérience n'est donc pas la voie unique ni la voie suffisante pour la recherche de la vérité, puisqu'il existe des suppositions formant des vérités indépendantes de l'expérience, et qui même sont nécessaires pour la rendre possible : elle ne peut donc pénétrer dans les régions de ces vérités supérieures, qui cependant existent, et peuvent être connues, comme le prouve l'existence de l'expérience qui en dépend. — De même, la garantie parfaite et entière de tous les droits, pour l'ordre social, suppose qu'au de-là de notre réalité physique, dans laquelle se trouvent donnés nos divers droits, rien ne peut nous intéresser, ou plutôt rien de réel ne peut exister; ce qui est faux absolument, parce que, comme nous venons de le voir, la réalité qui est impliquée dans notre existence physique, c'est-à-dire, la réalité de notre savoir temporel, dépend de conditions supérieures. Ainsi, en exigeant la garantie parfaite de tous nos droits, on méconnaît ces conditions supérieures par lesquelles et pour lesquelles a lieu notre existence actuelle, qui contient ces droits : on prend pour la fin ce qui, à certains égards, n'est que le commencement.

De l'autre part, les illibéraux, en établissant comme principe le pressentiment de l'absolu, ou l'existence d'une réalité supérieure à celle qui est contenue dans notre existence physique, ne peuvent de nouveau trouver ailleurs que dans l'homme même, dans notre réalité propre ou temporelle, la garantie de cette réalité supérieure ou absolue. Donc, notre réalité temporelle contient effectivement la réalité absolue. Et les illibéraux, qui requièrent cette réalité absolue, ont raison RELATIVEMENT à tout ce qui concerne cette réalité suprême ; mais ils ont tort sous un point de vue ABSOLU, en tant qu'ils méconnaissent, dans notre réalité actuelle ou relative aux conditions physiques, la présence de la réalité inconditionnelle ou absolue. — De cette manière, les deux principes secondaires de ce parti politique, concernant la recherche de la vérité et l'ordre social, c'est-à-dire, la voie théologique ou la révélation, pour la recherche de la vérité, et l'institution divine des états, pour l'ordre social, sont également faux lorsqu'on les considère ABSOLUMENT, c'est-à-dire, lorsqu'on les étend jusqu'à notre réalité propre ou temporelle, en la considérant comme dépourvue de la réalité absolue ou inconditionnelle. — En effet, contenant en nous la réalité absolue, comme cela résulte de la garantie même du principe fondamental des illibéraux, nous possédons en nous, pour la recherche de la vérité, une faculté infinie, analogue à la faculté créatrice de Dieu. Nous pouvons donc, déjà dans cette vie, suivre tous les chaînons de la création, remonter jusqu'aux principes premiers de l'univers, et reconnaître ainsi la vérité absolue. — De même, contenant en nous la réalité absolue ou inconditionnelle, ainsi que nous venons de le remarquer, nous pouvons, pour l'ordre social, nous fonder sur cette réalité absolue, qui est analogue à celle de Dieu, afin de pouvoir nous-mêmes instituer les états, c'est-à-dire, subordonner physiquement notre réalité relative ou temporelle, notre volonté, à notre réalité absolue ou inconditionnelle, à notre raison.

Il est donc avéré, d'une manière irrécusable, qu'étant considérés ABSOLUMENT, tout à la fois, et par rapport à notre réalité relative ou temporelle, et par rapport à la réalité absolue ou inconditionnelle du monde, les principes opposés des deux partis politiques, et par conséquent leurs résultats, pris dans ce sens absolu, sont également erronés. — Nous en tirerons immédiatement la consolante certitude de ce que, pour surmonter la fatale antinomie qui divise aujourd'hui la raison humaine, il faudra, n'importe comment, nous placer dans le point d'unité logique entre notre réalité actuelle et la réalité absolue, c'est-à-dire, dans le point où ces deux réalités se trouvent identifiées.

Mais, quel est, dans sa vraie détermination, ce point d'unité logique dont dépend aujourd'hui le salut de l'humanité? — C'est là le grand problème qu'il faudra résoudre. Un voile impénétrable couvre encore, précisément en ce qui concerne ce point décisif, les destinées de l'espèce humaine.

Dans cette ignorance, n'ayant aucune règle certaine pour la conduite de l'humanité, et pressentant déjà tout ce qu'impliquent d'erreur les principes opposés des deux partis politiques, lorsqu'ils sont considérés absolument, on ne peut statuer rien de positif, rien d'assuré : la résolution la plus raisonnable paraît être de réprimer le développement absolu de ces principes hétérogènes, et de laisser ainsi négativement, sans aucune influence positive, opérer le développement propre de l'humanité. — Cette résolution, en apparence la plus raisonnable, est, comme on le sait, celle des gouvernemens constitutionnels de nos jours ; et c'est là proprement toute leur sagesse, ainsi que celle de leurs partisans, connus sous le nom d'hommes du *juste-milieu politique* (*).

Nous allons examiner cette sagesse actuelle des gouvernemens, pour nous convaincre que, par malheur, non-seulement elle ne peut faciliter aucun progrès social ultérieur, mais que de plus, au milieu de l'antinomie politique qui domine partout, elle ne peut même pas prévenir la ruine imminente de la civilisation. — Et cet examen s'établira de lui-même dans les conséquences qu'il nous reste à tirer des principes déduits dans ce paragraphe ; conséquences qui doivent faire l'objet du paragraphe suivant.

§. II. — CONSÉQUENCES DE L'ANTINOMIE SOCIALE.

Le sort actuel de l'Europe, et en général du monde civilisé, résulte naturellement, comme simple conséquence, de l'état présent de l'humanité, que nous venons de reconnaître dans son actuelle et indestructible antinomie sociale. — Ainsi, la tâche des gouvernemens européens devient aujourd'hui aussi difficile que pleine d'une haute responsabilité. En effet, à l'époque où nous nous trouvons, ces gouvernemens sont placés entre les cornes d'un terrible dilemme : d'une part, ruine de l'humanité, s'ils abandonnent à elles-mêmes les oscillations de la balance mobile de cette antinomie politique ; de l'autre part, ignorance profonde, s'ils veulent détourner cette ruine imminente.

Avant tout, qu'il nous soit permis de faire ici abstraction de ceux des gouver-

(*) Récemment, après la deuxième révolution française, celle de 1830, ayant sans doute reconnu plus clairement l'invincible force des deux partis politiques, et la fausseté de leurs prétentions exclusives, le monarque français, Louis-Philippe, pour donner à la politique moderne, surtout à celle de la France, un but plus déterminé, chercha à tempérer, sous le nom d'un JUSTE-MILIEU POLITIQUE, les vues exclusives des deux partis, non par leur conciliation ou par la fusion de leurs intérêts, ce qu'il sentait n'être pas possible, mais par une répression ou du moins par une modération de leurs tendances respectives, ce qui, sans remédier à l'impuissance des gouvernemens actuels de donner une direction positive aux progrès de l'humanité, empêche provisoirement de trop grands désordres, résultant d'une précipitation aveugle de ces progrès.

nemens européens qui, poussés par les motifs d'une politique spéciale, voudraient faire triompher l'un ou l'autre des deux partis sociaux, en cherchant, par là même, à annihiler celui qui serait opposé à leurs vues. Une telle entreprise prouverait, ce nous semble, que ces gouvernemens, s'il en existait, ne seraient pas encore à la hauteur de la civilisation européenne, et par conséquent, que tout ce que nous avons ici à dire concernant le monde civilisé, ne pourrait leur être appliqué que lorsque, par la suite, ils s'élèveraient, à leur tour, au rang des gouvernemens éclairés de l'Europe, de ceux qui sentent déjà l'état critique de leur situation actuelle.

Or, ces gouvernemens éclairés, et presque tous le sont déjà en Europe, concevant, tout à la fois, et la vérité qui est impliquée dans les tendances respectives des deux partis politiques, et la fausseté qui est attachée à leurs prétentions exclusives, ont cherché, *par des* CONSTITUTIONS, *à consolider les droits et à* réprimer les abus de ces partis dominans, dont se composent aujourd'hui tous les élémens des sociétés. C'est là, dans son essence, toute la sagesse de la politique moderne, intérieure et extérieure. En effet, dans les relations intérieures des états, il n'est question que d'équilibrer les pouvoirs sous l'aspect de la coexistence des deux partis politiques, formant la civilisation de nos jours; et, dans les relations extérieures des états, il n'est également question que d'équilibrer les peuples sous l'aspect de la même civilisation. — Sans doute, quelques anomalies se présentent de temps à autre; mais, elles appartiennent presque toujours aux vues ministérielles, et non pas aux fondemens mêmes des états européens.

Cependant, cette sage coexistence des deux partis politiques, telle qu'on cherche à la réaliser aujourd'hui, surtout en réprimant les prétentions exclusives de ces partis, est loin d'être décisivement profitable pour l'avenir des états, lorsqu'elle se réduit à elle seule, sans qu'on introduise aucune direction nouvelle dans l'humanité. En effet, il est manifeste que, par suite des principes hétérogènes et irréfragables des deux partis sociaux, le développement de leur antagonisme, qui ne saurait alors être arrêté, peut, durant la prépondérance inévitable de l'un de ces partis, conduire à une ruine totale du monde civilisé. Ainsi, la garantie juridique que *reçoit aujourd'hui, dans les états de l'Europe, ce développement* des partis politiques, par le simple établissement des constitutions, sans aucune autre garantie directrice, cette simple garantie juridique, disons-nous, peut manifestement entraîner la ruine de l'ordre social.

Et quelle est cette garantie directrice qui nous manque encore? — C'est là l'autre corne du dilemme où se trouvent aujourd'hui placés les gouvernemens de l'Europe. — Tout se tait à leur appel, lorsqu'ils demandent à connaître cette garantie directrice: dans l'état actuel des connaissances politiques, un profond silence est la réponse terrible à cette décisive demande. — Quand même il serait vrai que l'on connût déjà la véritable signification du développement historique de l'humanité, ce qui n'est pas malheureusement, ce serait en vain qu'on voulût recourir à l'histoire pour y chercher les préceptes dont nous manquons aujourd'hui. Notre époque ne ressemble à aucune de celles qui l'ont précédée : il s'agit actuellement de créer un ordre tout-à-fait nouveau, et non pas simplement de reproduire des événemens semblables. — Aussi, nous le répétons, pour échapper à leur funeste dilemme, les gouvernemens ne trouvent-ils pas aujourd'hui de conseillers : dans ce moment critique, personne ne peut leur dire ce qu'il est si urgent de faire pour le salut de l'ordre social.

Mais, pour mieux signaler les conséquences de cet inévitable dilemme où les gouvernemens du monde civilisé se trouvent placés actuellement, soit que, par une direction purement négative, ils abandonnent à lui-même le développement spontané de l'humanité, soit que, par une direction positive, ils veuillent conduire ce développement à son terme salutaire; pour mieux signaler, disons-nous, les funestes conséquences de cette inévitable alternative, nous allons reproduire ici et compléter les argumens que nous avons avancés sur cette question dans le premier numéro du *Sphinx*. — Les voici.

La direction purement négative des affaires publiques, pour laisser opérer un libre développement des facultés et des forces humaines, direction qui est la règle, manifeste ou tacite, de nos gouvernemens actuels, suppose irrécusablement un principe supérieur, une direction providentielle de l'espèce humaine, ou du moins une FINALITÉ (*) dans les progrès de notre espèce, qui suive des lois immuables, et provienne des dispositions inhérentes à notre nature. En effet, sans cette direction providentielle, ou sans cette finalité dans le développement de l'espèce humaine, il serait impossible que l'humanité, abandonnée à elle-même, fît quelque progrès ; car, elle n'aurait aucune impulsion.

Il est vrai effectivement, comme nous l'avons déjà dit dans l'*Introduction au Sphinx*, que, malgré la liberté qui caractérise notre espèce, ses progrès doivent être régis par des lois fixes et déterminées. Et c'est là proprement, du moins en partie, LA FINALITÉ DE LA TERRE, qui, procédant d'après des lois naturelles, préside au développement physique de notre espèce. Nous avons même, dans cette *Introduction*, signalé déjà, en aperçu, les quatre grandes périodes dans lesquelles, jusqu'à ce jour, s'est opéré ce développement naturel de l'humanité. — C'est ici le lieu de remarquer, par anticipation sur ce que nous verrons ci-après, que ce peu de mots nous conduit à la solution du grand problème concernant la détermination scientifique ou philosophique de l'objet de l'histoire, problème qui, jusqu'à ce moment, est resté non résolu. En effet, on concevait que le véritable objet de cette branche du savoir humain doit consister à remonter aux LOIS mêmes du développement de notre espèce, et l'on concevait,

(*) Nous entendrons toujours par le mot *finalité*, correspondant au mot allemand *zweckmassigkeit*, l'état effectif de ce que l'on nomme *causes finales*, c'est-à-dire, la disposition pour des buts en quelque sorte prémédités.

en même temps, la difficulté de concilier ces lois, en quelque sorte mécaniques ou physiques, avec la LIBERTÉ, qui est le caractère distinctif de notre espèce. Cette difficulté sera levée par la découverte de la finalité de la terre, que nous venons de signaler; et nous-mêmes, en suivant ce principe nouveau, comme nous le dirons à l'instant, nous présenterons, dans la doctrine du messianisme, ce véritable développement de l'espèce humaine. — Mais, revenons à notre question présente.

Il est donc avéré que les progrès de l'humanité suivent des lois fixes et déterminées; car, comme nous l'avons dit dans l'*Introduction* citée, s'il en était autrement, il n'y aurait pas de raison pour que ces progrès arrivassent de telle manière plutôt que de toute autre. Ainsi, sans le savoir clairement, mais au moins par un pressentiment confus, les gouvernemens de nos jours se croient fondés en limitant leur influence actuelle à une direction purement négative des affaires de l'humanité, c'est-à-dire, en se bornant à réprimer les progrès hétérogènes et faux des deux partis dominans, des libéraux et des illibéraux, et en cherchant à procurer, de cette manière, un libre développement ultérieur de notre espèce.

La question se réduit donc à savoir si un tel progrès ULTÉRIEUR est possible. Car, on doit pressentir de même que ce développement progressif de notre espèce ne peut être indéfini, et qu'il doit avoir un terme. Nous pouvons même, avec certitude, reconnaître cette vérité.

Un développement progressif et indéfini de l'espèce humaine, c'est-à-dire, la production continue et indéfinie de nouveaux buts pour nos actions, car c'est en cela que consistent proprement les progrès de l'humanité opérés par la finalité de notre espèce, un tel développement, disons-nous, priverait manifestement la terre d'un but déterminé; ce qui est contre l'admission de la finalité du monde, que nous devons postuler pour toutes nos actions. Il est vrai que nos facultés et nos forces peuvent se développer indéfiniment; mais, l'établissement progressif de nouveaux buts pour nos actions, lequel, comme nous venons de le dire, constitue le développement final de l'humanité, doit avoir un terme, parce que, sans cela, aucun de ces buts progressifs ne pourrait ni ne devrait nous intéresser. L'existence de l'humanité serait un simple jeu, n'ayant pas de but, ni ne pouvant servir de moyen à rien autre, parce que cela serait contraire à notre raison, qui est son propre but. Il faut donc nécessairement admettre l'existence d'un dernier but de l'humanité, qui, pour elle, constituera ses véritables destinées: alors seulement nos diverses actions, dirigées par notre finalité vers ce but suprême, reçoivent une signification, un intérêt pour la raison, et deviennent ainsi compatibles avec notre dignité. Bien plus, on conçoit même que ce but suprême de l'humanité, vers lequel nous conduit la finalité inhérente à notre nature, doit être notre propre ouvrage, ou l'œuvre spontanée de la raison, c'est-à-dire que la finalité, en nous fixant progressivement des buts nouveaux, pris dans notre nature, et en développant ainsi dans nous des facultés et des forces nouvelles, ne doit que nous amener à un terme où nous devons nous-mêmes, pour notre dignité et pour l'auguste besoin de la raison, achever l'œuvre de notre création, en nous fixant définitivement le but suprême de nos actions, et en nous donnant par là une existence propre, spontanée, ou indépendante de toute influence étrangère. Ce jeu de la finalité de la terre, auquel nous devons ainsi notre développement progressif, doit donc finir nécessairement au terme critique que nous venons de signaler.

Eh quoi! si l'humanité était déjà arrivée à ce terme de son développement? — C'est ce qu'il nous importe de connaître; parce que, dans ce cas, la direction purement négative des affaires publiques, telle que l'exercent aujourd'hui les gouvernemens pour laisser libre le progrès final de notre espèce, serait inutile, et pourrait de plus, comme nous le verrons dans l'instant, avoir des suites funestes.

Il faut donc fixer les critériums requis pour reconnaître ce terme nécessaire du développement de l'humanité. — Il suffit, pour cela, de remarquer qu'à ce terme, la finalité qui nous a conduits jusque là, doit nous abandonner, et nous laisser à nos propres forces, pour nous mettre en position d'établir nous-mêmes notre dernier but. Nous avons donc déjà un critérium négatif pour reconnaître le terme final dont il est question, consistant dans un délaissement de l'humanité, ou dans un abandon à ses propres forces. Et, quant au critérium positif, il résulte immédiatement du critérium négatif que nous venons de fixer; car, pour peu qu'on y réfléchisse, on reconnaîtra que ce critérium positif du terme final en question, consiste dans la présence en l'humanité des facultés et des forces suffisantes pour sa direction propre, c'est-à-dire, pour l'établissement spontané de son but suprême.

Or, si l'on applique ces deux critériums, négatif et positif, à l'état actuel de l'humanité, on reconnaîtra facilement qu'elle est déjà arrivée au terme critique de son développement final, dont il s'agit. — En effet, d'une part, la grande antinomie politique, que nous avons reconnue plus haut comme dominant aujourd'hui dans l'humanité, prouve, avec évidence, qu'elle est déjà abandonnée à ses propres forces, puisque, par sa nature, elle se trouve, en vertu de cette nécessaire antinomie, entraînée, avec égale raison, vers des buts opposés et hétérogènes; et, de l'autre part, la conscience que nous avons de la fausseté impliquée dans ces deux tendances opposées, laquelle est constatée par la répression politique de leur prépondérance respective, prouve, avec la même évidence, que l'humanité possède déjà les facultés et les forces requises pour sa propre conduite, puisqu'à cette conscience elle peut facilement joindre celle de la nécessité d'un nouveau but et, par conséquent, de son but suprême.

Ainsi, ayant reconnu que, dans ce moment, l'humanité est déjà arrivée au terme de son développement, opéré par la finalité de notre espèce, on comprendra que la direction purement négative des affaires publiques, qu'exercent les gouvernemens pour faciliter un pareil progrès ultérieur, est tout-à-fait intempestive. — Nous allons enfin voir, comme nous l'avons annoncé, que cette direction purement négative, c'est-à-dire, en l'absence de toute vue positive, peut avoir des suites funestes pour l'ordre social.

Dans nos considérations, nous partons ici généralement du point où les deux tendances opposées, formant l'antinomie politique, sont égales; et c'est dans cette vue que nous disons que cette antinomie est dominante dans l'humanité. Nous avons déjà remarqué que la tendance des illibéraux commence avec le christianisme, et celle des libéraux seulement avec le protestantisme; d'où il résulte que l'époque de l'égalité entre ces deux impulsions opposées, en les considérant dans leur développement entier, peut être différente pour différens peuples, c'est-à-dire qu'elle peut être plus ou moins reculée, suivant que la culture sociale de ces peuples est moins ou plus avancée. Ainsi, par exemple, en France, ce point d'égalité entre les deux tendances dont il s'agit, ne paraît avoir lieu que dans le moment actuel. — Quoi qu'il en soit, c'est de ce point d'égalité qu'il faut partir pour apprécier les suites de la répression de ces deux tendances, exercée par l'influence négative des gouvernemens, de laquelle il est question.

En se rappelant ici les principes respectifs de ces deux impulsions politiques, tels que nous les avons déduits plus haut, on verra facilement, pour peu qu'on y réfléchisse, que le développement scientifique ou philosophique des libéraux est INDÉFINI, parce qu'on peut remonter, de plus en plus, de leur principe ostensible ou manifeste qu'ils professent aujourd'hui, au principe tacite et supérieur qui, à leur insu, forme le terme invisible de leur direction; tandis qu'au contraire, par ce développement philosophique des libéraux, celui des illibéraux se trouve, non-seulement arrêté, mais de plus réfuté. Ainsi, lors même que les gouvernemens réprimeraient les progrès politiques ou pratiques des libéraux, ils ne pourraient empêcher leurs progrès philosophiques ou spéculatifs; et la suite nécessaire de l'influence purement négative dans les affaires publiques, par la répression du développement pratique des deux tendances dont il est question, serait évidemment la domination scientifique et philosophique du parti des libéraux. Alors, rendus à l'ascendant de la raison, les gouvernemens se verraient forcés de favoriser ce parti des libéraux, d'admettre même pratiquement leur supériorité, et d'établir ainsi constitutionnellement une partie de leurs droits, plus ou moins grande, suivant leurs progrès philosophiques, plus ou moins avancés. Après cet établissement constitutionnel de la domination des libéraux, nul frein politique ne saurait plus arrêter leur envahissement général de toutes les considérations humaines; et, vu le manque de toute unité supérieure ou absolue dans ce développement de la réalité temporelle, impliquée dans notre existence physique, qui est le principe ostensible des libéraux, la société se verrait déjà, dès l'établissement de leur domination, exposée à une destruction imminente. — L'expérience réitérée, s'il en était besoin, confirme suffisamment cette nécessaire conséquence.

Heureusement, dans cet indéfini développement philosophique des principes des libéraux, on doit, pour passer à la conscience de la réalité absolue de la raison, qui est le principe premier ou plutôt le terme secret de leur tendance, on doit, disons-nous, arriver à la limite qui sépare cette réalité absolue ou inconditionnelle de la raison, d'avec la réalité purement relative ou temporelle de notre existence physique. A cette limite, la certitude attachée à la réalité purement temporelle ou physique, perd son intensité, ou plutôt s'anéantit entièrement; et le pressentiment d'une certitude supérieure, de celle qui est attachée à la réalité absolue, au de-là de la limite présente, répand un doute, tout à la fois, et salutaire et désolant, sur cette réalité purement relative qui est contenue dans notre existence physique, et qui, jusqu'à ce moment, a usurpé la réalité absolue de l'univers. Pour sortir de ce critique scepticisme, il faudra acquérir didactiquement la connaissance positive de notre TENDANCE VERS L'ABSOLU, en passant par tous les échelons, depuis la NÉCESSITÉ, impliquée dans les résultats réels de notre savoir temporel, laquelle, dans cette réalité physique, est la manifestation objective de l'absolu sous les conditions du temps, jusqu'à la RAISON, impliquée dans l'essence intime de notre savoir, laquelle, dans cette virtualité hyperphysique, est la manifestation subjective de l'absolu hors de toutes conditions. Alors, franchissant cette fatale limite, où doit s'établir le scepticisme que nous venons de signaler, limite qui précisément a séparé si long-temps les libéraux des illibéraux, et reconnaissant clairement, dans cette tendance positive vers l'absolu, la réalité suprême de l'humanité, les libéraux se réuniront aux illibéraux, ou plutôt les élèveront à leur hauteur, en substituant au simple pressentiment de l'absolu, qui est le principe actuel des illibéraux, la connaissance positive et rigoureusement didactique de la tendance réelle de l'humanité vers l'absolu, et, par conséquent, le postulatum rationnel de l'absolu lui-même; postulatum qui, étant confirmé *in concreto* dans la conscience transcendante du MOI ABSOLU, et fixé *in abstracto* dans l'identité primitive des deux principes hétérogènes du monde, établit dans l'homme, d'une manière ineffaçable, le sentiment de sa réalité inconditionnelle, c'est-à-dire, la conscience immanente du VRAI.

Ce dernier développement de l'humanité est déjà opéré en Allemagne, par suite de la grande révolution que la philosophie vient d'y subir, depuis le criticisme de Kant, jusqu'au rationalisme de Fichté et de Schelling (*), ainsi que

(*) On peut ici se former une idée de l'erreur de ceux qui croient pouvoir porter la civilisation en Allemagne en y portant les idées libérales de la révolution française. — Ces idées, telles qu'on les a aujourd'hui en France, sont nées en Allemagne, lors de l'établissement politique du protestantisme; et par conséquent, dans son actuelle et si haute culture philosophique, que nous venons de signaler, l'Allemagne n'est pas, ce nous semble, en arrière de la civilisation de la France.

nous le montrerons, d'une manière spéciale, dans la suite de la doctrine du messianisme. — Il en résulte, dans ce pays éminemment philosophique, une tendance générale vers un BUT UNIVERSEL de l'humanité; et cette tendance positive, réalisée diversement, dans sa bonne signification, par plusieurs institutions, philosophiques ou religieuses, et, même dans son abus, par plusieurs sectes mystiques, prouve irrécusablement, par le fait, que l'humanité est déjà arrivée au terme de son développement final, où elle doit elle-même fixer son but suprême; ce qui confirme, ou du moins vérifie la preuve générale que nous en avons donnée plus haut.

Malheureusement, cette conscience de notre tendance vers l'absolu ne pouvant engendrer qu'un postulatum et non une conception déterminée de l'absolu, l'impulsion vers un but universel, qui vient de s'établir en Allemagne, ne saurait recevoir une direction determinée; et de-là précisément résulte cette diversité que nous venons de remarquer dans la réalisation de cette nouvelle impulsion dominante. Bien plus, l'absolu ne pouvant ainsi devenir qu'un objet du SENTIMENT, dans la conscience du verbe, et non un objet déterminé du SAVOIR, on ne saurait établir une doctrine positive des vérités qui en dépendent, ni par conséquent transmettre ou communiquer didactiquement ce système de vérités: on ne peut établir que des principes régulatifs, ou même purement poétiques; de sorte que le génie seul, et non le simple entendement, pourra s'élever à ces régions supérieures. Il s'ensuit que, malgré l'évidence ou la clarté attachée à la connaissance que l'humanité doit acquérir, sur une voie tout-à-fait didactique, de sa tendance réelle vers l'absolu, elle ne pourra point, sur cette voie, l'établir généralement; parce qu'il y aura toujours des hommes qui, quoique doués d'une intelligence supérieure, manqueront du génie nécessaire pour saisir, par le seul sentiment, ce dernier terme de notre réalité. — L'expérience en donne déjà des preuves suffisantes; et l'on conçoit à priori que, dans cette voie, en quelque sorte mécanique, de notre développement final, malgré les plus grands efforts, la moitié du genre humain pourra à peine arriver à cette hauteur privilégiée de nos destinées. Autrement, en effet, le développement complet, final ou mécanique, de l'humanité serait déjà sa création absolue elle-même; ce qui est contraire à sa dignité, et à l'infinie puissance de sa raison, laquelle paraît destinée à nous faire produire à nous-mêmes notre existence absolue, pour la rendre indépendante de toute condition étrangère.

Ainsi, au dernier terme de son développement final, à ce terme où les hommes éclairés sont déjà parvenus en Allemagne, l'espèce humaine doit de nouveau et invariablement se diviser en deux partis, les mêmes que nous connaissons aujourd'hui sous les noms de libéraux et d'illibéraux, avec la seule différence que ces derniers seront alors, à tous égards, fondés didactiquement. Pour caractériser cette différence, nous nommerons ici *universalistes* ces futurs illibéraux, en observant que leur nouvelle et principale tendance sera vers l'établissement d'un but universel de l'humanité (*). — A cette époque, l'espèce humaine sera arrêtée, et demeurera stationnaire : nul progrès ultérieur, dépendant de conditions étrangères à notre spontanéité, ne sera plus possible ; et c'est en cela précisément que nous devons admirer la justice éternelle, qui nous laisse ainsi entièrement le mérite de la création de nos destinées, en nous plaçant, au terme de notre développement, dans un équilibre parfait entre deux tendances opposées et inévitables.

Alors, le sort de l'humanité, si elle reste toujours passive, c'est-à-dire, si elle demeure abandonnée à elle-même par l'influence purement négative des gouvernemens constitutionnels, dépendra naturellement de la prépondérance alternative des deux partis opposés ; et dans cette alternative se trouvent nécessairement, d'une part, la possibilité de la création absolue de l'humanité, et de l'autre, la possibilité de la ruine ou de la destruction de notre espèce. En effet, d'une part, l'existence de destinées absolues et propres à l'humanité, est irrécusable, car tel est l'auguste besoin de notre raison ; ainsi, lors de la prépondérance des universalistes, des efforts réitérés et multipliés pourront amener à la solution du grand problème que nous avons indiqué plus haut, concernant nos destinées absolues : et, de l'autre part, le manque d'un lien universel ou de toute unité dans la réalité temporelle qui est impliquée en notre existence physique, et qui sera toujours le principe des libéraux, est également irrécusable, car cette unité dans nos intérêts physiques se trouve précisément dans une réalité supérieure ou absolue, laquelle est méconnue par les libéraux ; ainsi, lors de leur prépondérance, l'anarchie sera une suite nécessaire de ce manque d'un lien entre les intérêts physiques, et le choc de ces intérêts, de plus en plus développés, doit enfin amener la ruine de l'ordre social, la destruction du monde civilisé (**).

Tel est donc inévitablement le sort de la terre sous l'influence purement né-

---

(*) Un écho de ces universalistes ou futurs illibéraux, tels qu'ils commencent à se développer en Allemagne, où plusieurs philosophes protestans sont retournés dans le sein de l'église catholique romaine, s'est déjà fait entendre en France dans un ouvrage périodique, intitulé le *Catholique*, et publié sous la direction du baron d'Eckstein. — Malheureusement, cet écho venait d'une voix trop mystique pour qu'il pût servir à donner la moindre idée de l'actuelle culture philosophique de l'Allemagne. Cependant, c'est l'école de Vienne qui paraît avoir inspiré cet ouvrage.

(**) Cette ruine de la civilisation serait tout-à-fait inévitable lorsque le parti des illibéraux ne se trouverait pas encore élevé à la hauteur des universalistes de l'Allemagne, parce qu'alors, durant la prépondérance de ce parti, laquelle est également possible, des influences infernales dans la direction de l'humanité, exercées par d'exécrables développemens des sectes mystiques, ramèneraient l'homme jusqu'à l'origine mystérieuse du péché, et parviendraient ainsi à paralyser entièrement la spontanéité de sa raison. — Mais, dans la déduction que nous venons de donner, nous devions nous placer au terme du développement complet de l'humanité, au terme où le parti des illibéraux se trouve remplacé par le parti éclairé des universalistes ; et à ce terme, comme nous venons de le voir, le danger de la ruine de la civilisation n'a pour lui qu'une probabilité équivalente à la moitié de la certitude, ainsi que cela doit être pour l'accomplissement de la justice éternelle.

gative des gouvernemens dans les relations sociales. Et, dans cette alternative de succès ou de ruine, le tout dépendra nécessairement du mérite ou du démérite de l'humanité. Or, comme on le remarquera sans doute avec douleur, cet inévitable avenir de la terre commence déjà à se décider, en s'annonçant sous de très sinistres auspices.

Il faut donc, et il en est encore temps, que les gouvernemens sortent de leur apathie, qu'ils cessent de considérer comme sagesse leur inactivité, leur direction purement négative des progrès de l'espèce humaine, consistant à réprimer le développement exclusif des principes opposés des deux partis politiques. Plus que jamais, le sort de l'humanité est dorénavant dans les mains des gouvernemens : c'est donc sur eux que repose, dans cette critique période, le salut de la terre; et, à cet égard, leur responsabilité éternelle est terrible.

Mais, quelle est la direction positive que les gouvernemens doivent aujourd'hui donner à l'espèce humaine? — Nous allons en dévoiler les conditions.

TROISIÈME PARTIE.

RÉVÉLATION MESSIANIQUE DES DESTINÉES DE L'HUMANITÉ.

La création de l'homme sur la terre doit avoir un but final bien déterminé. C'est même là le véritable but de l'existence de la terre. Et c'est dans ce but de la création que se trouvent manifestement les fins de l'humanité.

Comme être raisonnable, l'homme, attaché au globe terrestre, doit y accomplir lui-même ses destinées. Par l'usage de la raison, de cette faculté créatrice, il doit prendre part à la création de la terre, en fixant et en réalisant le dernier but de l'existence de ce globe, qui est le but même de l'existence de l'être raisonnable, pour laquelle seule la terre peut avoir de la réalité.

Cette haute fonction de l'homme le place ainsi au dessus de sa propre nature. — Comme être physique, appartenant au globe terrestre, il subit les conditions INERTES de sa nature corporelle. Et comme être raisonnable, à qui cette demeure terrestre devient étrangère, il jouit des conditions SPONTANÉES de sa liberté spirituelle. — L'homme réunit ainsi, dans son existence actuelle, deux états bien distincts : d'une part, comme condition de sa création indépendante de lui, il possède l'état physique, où, par l'inertie attachée à cet état, il obéit aux lois de la nature, qui lui sont étrangères; et de l'autre part, comme condition de sa création propre, il possède l'état rationnel, où, par la spontanéité attachée à cet état supérieur, il n'obéit qu'aux lois de la liberté, qui sont son propre ouvrage. Et précisément par cette spontanéité de ses actions, qui, en le douant d'une faculté créatrice, le distingue parmi les êtres de ce globe, l'homme doit prendre part à la création de la terre, en accomplissant cette œuvre sublime par sa création propre, qui est l'unique but raisonnable de l'existence de ce monde temporel.

Toutefois, cette faculté de création propre ne peut être que le résultat du développement physique de l'humanité, parce que, si l'homme possédait, dans sa naissance, la faculté créatrice, c'est-à-dire, la spontanéité absolue de son savoir, il serait déjà l'auteur de sa création physique elle-même. Il existe donc deux ordres successifs pour l'accomplissement des destinées de l'humanité sur la terre. Dans le premier de ces ordres de nos destinées, l'humanité opère son développement physique, où, tout en suivant les lois inertes de la nature, elle prépare déjà, par sa spontanéité, les facultés et les forces dont elle aura besoin pour accomplir la création de ce monde. Dans le second des deux ordres de nos destinées, l'humanité opère son développement rationnel, où, en s'affranchissant des conditions de sa nature terrestre, elle déploie exclusivement sa spontanéité créatrice, effectue avec elle sa création propre, et établit ainsi elle-même sa future immortalité, pour accomplir la création de la terre, dont l'unique objet, digne de la raison, est incontestablement cette immortalité de l'homme, qui ne peut être que son propre ouvrage.

Or, ces deux ordres successifs des destinées de l'humanité, qui donnent enfin une signification absolue à l'espèce humaine, forment naturellement *deux ères* distinctes pour l'accomplissement de ces destinées dans ce monde. Et, d'après ce que nous venons de reconnaître, la première de ces ères, où l'homme, pour développer ses facultés et ses forces créatrices, suit encore les lois inertes de la nature, est manifestement *l'ère physique ou relative*, c'est-à-dire, dépendante de sa nature terrestre; et la dernière de ces ères, où l'homme, pour effectuer sa création propre, et pour accomplir ainsi le but de la création de la terre, emploie exclusivement les lois spontanées de sa liberté, est tout aussi manifestement *l'ère rationnelle ou absolue*, c'est-à-dire, indépendante de sa nature terrestre.

Pour mieux déterminer ces deux ères du développement de l'humanité, il faut savoir que les actions de la volonté humaine s'exécutent toujours en vertu de buts qui constituent leur objet, et qui sont reconnus et fixés par la raison de l'homme. En effet, par rapport à notre volonté, c'est-à-dire, par rapport à la causalité de notre savoir, la raison est la FACULTÉ DES BUTS. Ainsi, dans l'une et dans l'autre des deux ères du développement de l'humanité, les actions humaines, concernant ce développement, ont lieu d'après des buts reconnus par la raison, conformément aux conditions, relatives ou absolues, de ces deux ères distinctes. Et par conséquent, durant la première de ces ères, où l'homme suit encore les lois inertes de la nature, les buts des actions humaines, concernant le développement de l'humanité, sont pris, par la raison, dans la nature terrestre de l'homme; et, durant la dernière de ces ères, où l'homme ne suit plus que les lois spontanées de sa liberté, les buts des actions humaines, concernant toujours le développement de l'humanité, sont pris, par la raison, dans la raison elle-même, indépendamment de la nature terrestre de l'homme. — De cette manière, ces deux ères du développement de l'humanité, qui assignent une utilité réelle et absolue à ce monde, forment, la première, *l'ère des buts physiques ou relatifs*, et la dernière, *l'ère des buts rationnels ou absolus.*

Il s'ensuit immédiatement que la différence caractéristique entre ces deux ordres successifs de destinées de l'humanité, consiste en ce que, dans le premier, dans l'ère des buts relatifs, les buts des actions humaines sont DONNÉS à la raison par la nature terrestre de l'homme, et que, dans le dernier, dans l'ère des buts absolus, les buts des actions humaines sont CRÉÉS par la raison elle-même. — Ainsi, dans la première ère, l'homme n'exerce sa spontanéité créatrice que dans le choix des moyens propres à l'obtention des buts qui lui sont donnés par sa nature terrestre; et, dans la dernière ère, il exerce cette spontanéité créatrice, non-seulement dans le choix des moyens, mais de plus dans la fixation des buts eux-mêmes.

On voit, par là, que le développement de l'humanité, pour accomplir les fins de la création de ce monde, dépend, du moins en partie, de l'influence de la nature, en tant que, dans la première ère de ce développement, les buts des actions humaines sont donnés par la nature terrestre de l'homme. Et l'on conçoit ainsi que, selon que ces buts physiques ou relatifs à la nature humaine, qui dominent dans la première ère, sont ou ne sont pas conformes aux buts rationnels ou absolus, par lesquels l'homme, dans la dernière ère, doit accomplir ses destinées sur la terre, il existe ou il n'existe pas, dans la création de ce globe, une FINALITÉ créatrice, c'est-à-dire, un accord ou une disposition harmonieuse entre l'inertie de la nature et la spontanéité de l'homme, propre à faire concourir ces forces hétérogènes à la même fin de la création de ce monde, c'est-à-dire, à la création propre de l'homme. Mais, une des lois de notre jugement compréhensif consiste précisément à postuler, en général, dans la création de l'univers, une continuelle finalité, c'est-à-dire, une subordination à des fins absolues de toutes les parties constituantes de l'univers, quelque hétérogènes qu'elles puissent être. Et par conséquent, dans le cas actuel, nous devons postuler la finalité de la terre dont il est question. D'ailleurs, cette finalité terrestre dans le développement de l'homme est déjà avérée par le fait. Comme nous l'avons entrevu plus haut, et comme nous le verrons mieux à l'instant, le développement physique de l'humanité, celui qui fait l'objet de la première ère, et qui dépend de cette finalité en question, est déjà terminé; et il se trouve que le résultat de ce développement, dirigé par la finalité de la terre, consiste effectivement dans la production accomplie des facultés et des forces créatrices dont l'homme a besoin désormais pour procéder à son développement rationnel ou absolu, qui doit le conduire au terme de sa création.

Cependant, il faut encore remarquer ici que la transition de la première à la dernière des ères du développement de l'humanité, ne saurait être brusque, mais qu'elle doit s'opérer par degrés, en affranchissant l'homme, de plus en plus, des conditions inertes de sa nature terrestre, pour lui rendre propres exclusivement les conditions spontanées de sa liberté et de sa raison. En effet, ces conditions inertes, d'une part, et ces conditions spontanées, de l'autre, sont essentiellement hétérogènes; et par conséquent, sans admettre déjà la spontanéité, à laquelle précisément il s'agit ici d'arriver, on ne saurait passer immédiatement des unes aux autres de ces conditions hétérogènes. Il doit donc exister, entre les deux ordres successifs de destinées de l'espèce humaine, que nous venons de reconnaître, un ordre intermédiaire, formant l'*ère transitive* du développement de l'humanité. Et l'on conçoit que, dans cette ère intermédiaire, qui a pour objet la transition des buts relatifs aux buts absolus de l'humanité, les buts spéciaux des actions humaines doivent être établis par le concours de la nature de l'homme et de sa raison, indépendante de cette nature terrestre. Cet ordre intermédiaire de destinées de l'humanité, formera donc l'*ère des buts transitifs*; et l'on prévoit facilement que c'est là l'ÈRE CRITIQUE du développement de l'espèce humaine.

Ainsi, en résumant ce que nous venons de reconnaître sur les différens ordres de destinées de l'homme, nous établirons que le développement de ces destinées, du moins autant qu'il dépend des buts universels de l'humanité, s'opère dans trois ères distinctes, formant progressivement, d'abord, l'*ère des buts relatifs*, ensuite, l'*ère des buts transitifs*, et enfin, l'*ère des buts absolus*. — Nous venons de remarquer que ce développement de l'humanité, qui est proprement son ouvrage, dépend de ses BUTS UNIVERSELS, c'est-à-dire, de ceux qui sont fixés par la raison générale des hommes; car, en outre de ces buts universels, et avant leur production publique, il s'établit d'abord, pour la préparation de l'homme à l'obtention de ses destinées, des BUTS INDIVIDUELS, qui lui sont fixés par la raison particulière de ses chefs, ou par leur révélation primitive. Les temps où dominent d'abord ces buts individuels, forment le *règne des patriarches*, et ne sont encore que les temps des TRADITIONS; tandis que ceux où dominent ensuite les buts universels, et qui offrent progressivement les trois ères que nous venons de reconnaître, forment le *règne des peuples*, et sont proprement les temps de l'HISTOIRE.

Nous pouvons donc actuellement découvrir à priori les véritables conditions de l'histoire, et par là même les conditions de la direction positive de l'humanité, pour la conduire au terme absolu de son développement. Il faut, en effet, remarquer que, d'après ce que nous venons de reconnaître, quelque libres que soient les actions humaines, les progrès de l'humanité vers le terme de sa création sont soumis à des lois immuables. — D'abord, dans l'ère des buts physiques ou relatifs, la finalité de la terre fixe à l'homme des buts progressifs, dont l'obtention libre le conduit au développement des facultés et forces absolues, desquelles dépend l'accomplissement de la création. Ensuite, dans l'ère des buts transitifs, le concours de sa nature terrestre et de sa raison absolue lui fixe des buts propres à l'affranchir de sa dépendance physique, dans ses vues éternelles, pour le rendre apte à procéder à la réalisation propre de ses hautes destinées. Enfin, dans l'ère des buts absolus, la raison de l'homme, libérée de toute influence étrangère, lui fixe elle-même ses derniers buts, consistant dans l'établissement péremptoire de son immortalité, unique objet digne de la raison et de l'existence de ce monde. Ainsi, cette suite des buts progressifs de l'humanité, qui lui sont assignés par la raison universelle, est aussi immuable que la vérité elle-même; et par conséquent, nonobstant la liberté des actions de l'homme, le développement de l'espèce humaine, qui se règle d'après cette suite de ses buts progressifs, est soumis à des lois invariables. On conçoit, en effet, que toute réalité, inerte ou spontanée, doit originairement être déterminée par la loi de création, où elle reçoit l'existence et où se trouve ainsi la condition de la vérité elle-même; de sorte que, dans le plan de la création, tout est fixé et déterminé, soit par le Créateur, soit par soi-même, car autrement la vérité ne saurait exister. Il s'ensuit donc, déjà de cette considération primordiale, que les progrès de l'humanité, tels qu'ils font l'objet de l'histoire, sont effectivement soumis à des lois fixes et déterminées, comme nous l'avons annoncé dans l'*Introduction au Sphinx*. Et c'est la découverte de ces lois invariables, consistant dans la suite des buts progressifs de l'humanité, produits et obtenus successivement dans les trois ères de son développement, qui, d'après ce que nous avons déjà entrevu plus haut, est le véritable objet de la PHILOSOPHIE DE L'HISTOIRE, cherchée en vain jusqu'à ce jour.

On voit actuellement, avec clarté, qu'autant qu'il existe de buts universels pour l'humanité, dans chacune des trois ères de son développement, autant il y a nécessairement de PÉRIODES DISTINCTES pour les progrès de l'espèce humaine, dans chacun de ces trois ordres successifs de ses destinées. Or, les buts universels de l'humanité, et même les trois ères où s'établissent progressivement ces divers buts, ne peuvent, comme nous le savons déjà, recevoir leur existence et leur détermination primitive, par rien autre que par la loi de création. C'est donc en suivant cette loi créatrice elle-même que la doctrine du messianisme fixera ces buts universels de l'humanité, et, par là même, les trois ères où ils s'établissent progressivement, ainsi que les périodes du développement de l'espèce humaine, qui correspondent à ces buts distincts, et dans lesquelles, par conséquent, s'accomplissent ainsi successivement les destinées de l'homme.

Alors, la philosophie de l'histoire, c'est-à-dire, la détermination des lois absolues qui règlent les progrès de l'espèce humaine, sera enfin donnée à l'humanité. Et ce n'est qu'alors, conformément à la dignité de l'homme (*), que, dans cette détermination infaillible, les gouvernemens recevront la règle pour la DIRECTION POSITIVE de ces progrès de notre espèce, afin de conduire l'humanité au terme sublime de ses destinées. — Nous indiquerons incessamment, dans la doctrine du messianisme, et même déjà dans ce prodrome, les points principaux des relations sociales, *surtout* des relations politiques et religieuses, auxquels, dans ce moment si critique pour l'ordre social, doit s'appliquer cette direction positive des gouvernemens; et nous y verrons, d'une manière en quelque sorte matérielle, que cette importante direction ne saurait effectivement être fixée que par la découverte des progrès absolus de l'espèce humaine, tels qu'ils sont régis par les lois immuables de l'histoire, dont il est ici question.

On conçoit bien, d'après les principes que nous venons d'arrêter pour l'établissement de ces progrès absolus de notre espèce, que ce n'est pas ici, dans ce simple prodrome de la doctrine du messianisme, que nous devons déjà développer cette profonde philosophie de l'histoire. Tout ce que nous pouvons faire ici, par anticipation sur cette doctrine absolue, qui remplira complètement nos attentes à cet égard, c'est d'indiquer quelques-uns des résultats principaux, concernant cette importante détermination des lois que suivent les progrès historiques de l'espèce humaine.

Ainsi, nous dirons que, dans l'ère des buts relatifs, il existe simultanément quatre buts universels pour l'homme, qui établissent alternativement leur domination, les uns sur les autres, et donnent ainsi lieu à QUATRE périodes distinctes, où s'opère progressivement, dans cette première ère, le développement physique de l'humanité. Nous ajouterons ici, comme nous l'avons mentionné plus haut, que nous avons fait connaître, dans l'*Introduction au Sphinx*, ces quatre buts universels, dans l'ordre où ils établissent successivement leur domination ou leur prééminence, et que nous avons dès-lors signalé les quatre périodes qui se développent, et se sont déjà développées réellement, dans la première ère historique dont il s'agit.

Ces quatre buts physiques ou relatifs à la nature terrestre de l'homme, sont nécessairement les fins mêmes des actions universelles de l'humanité. Ainsi, vu la double nature, corporelle et spirituelle, dont l'homme est doué sur la terre, il est d'abord manifeste que l'accomplissement respectif de cette double nature humaine, doit lui fixer *deux buts positifs*, qui sont : l'un, LE BIEN-ÊTRE CORPOREL OU DE SENTIMENT, ayant pour objet le développement physique de ses

---

(*) Nous disons ici : *conformément à la dignité de l'homme*, parce qu'au terme où l'humanité est parvenue aujourd'hui dans son développement, tout progrès ultérieur doit être son propre ouvrage; et, par conséquent, elle doit actuellement découvrir elle-même la règle de ses destinées finales.

conditions passives ou de ses facultés sensuelles ; et l'autre, LE BIEN-ÊTRE SPIRITUEL OU DE COGNITION, ayant pour objet le développement physique de ses conditions actives ou de ses facultés intellectuelles. De plus, vu l'hétérogénéité de ces deux buts positifs, qui sont nécessairement opposés l'un à l'autre, il doit encore exister *deux buts négatifs* pour l'homme, propres à le faire passer de l'un à l'autre de ses deux buts hétérogènes, en servant à exclure respectivement les conditions de celui des deux buts positifs duquel on passe à l'autre. De cette manière, l'un de ces buts négatifs, celui qui conduit l'humanité du bien-être corporel au bien-être spirituel, et qui, par conséquent, exclut déjà les conditions du premier, est manifestement la SURETÉ PUBLIQUE, ou la garantie de la JUSTICE par la politique ; et l'autre de ces buts négatifs, celui qui, en venant ainsi du but positif de bien-être corporel, précède l'établissement du but positif de bien-être spirituel, et qui, par conséquent, exclut encore les conditions de ce dernier, est manifestement aussi la MORALITÉ PUBLIQUE, ou la garantie de la SAINTETÉ par la religion.

Tels sont en effet, comme nous le montrerons dans la doctrine du messianisme, les quatre buts physiques ou relatifs à la nature terrestre de l'homme, qui s'établissent immédiatement par la loi de création ; et tels sont aussi les quatre buts universels qui ont existé et qui existent encore simultanément dans l'humanité. — Mais, dans le développement progressif de l'espèce humaine, ces quatre buts physiques, en considérant leur connexion respective, plus ou moins grande, avec la SPONTANÉITÉ de la raison de l'homme, laquelle est le véritable objet de ce développement, ont dû être, tour à tour, dominant les uns sur les autres. Ainsi, comme nous l'avons dit dans l'*Introduction au Sphinx*, le culte raffiné du bien-être corporel, ou le développement du sentiment de l'homme, dans ses dépendances terrestres, tout à la fois, et de la nature et de Dieu, et dans leurs résultats respectifs de famille et de société, fut d'abord le but dominant chez tous les peuples de l'Orient, et l'obtention de ce BUT SENSUEL forma la PREMIÈRE PÉRIODE de l'espèce humaine ; ensuite, la justice, à laquelle s'attache l'héroïsme, nécessaire pour la réaliser, devint le but dominant chez les Grecs et les Romains, et l'obtention de ce BUT MORAL forma la SECONDE PÉRIODE de l'espèce humaine ; de nouveau, la pureté des maximes morales, la sanctification du sentiment, pour établir un refuge en Dieu, devint le but dominant chez les Chrétiens, et l'obtention de ce BUT RELIGIEUX forma la TROISIÈME PÉRIODE de l'espèce humaine ; enfin, après la réformation religieuse par le protestantisme, la certitude du savoir, le bien-être spirituel, ou le développement cognitif de l'homme, devint le but dominant chez les peuples civilisés de nos jours, et l'obtention de ce BUT INTELLECTUEL forma la QUATRIÈME et dernière PÉRIODE, où l'espèce humaine vient d'accomplir son développement physique.

C'est surtout l'établissement progressif de ces buts universels que la doctrine du messianisme devra déduire de la loi de création, avec une rigueur didactique, pour fonder définitivement la vraie philosophie de l'histoire par rapport aux temps passés, en montrant ainsi comment, dans chacune de ces quatre périodes, le but dominant réglait le développement des trois autres buts, et comment, par ce développement même, les quatre buts universels, tour à tour, s'élevaient au rang de but dominant, et descendaient au rang de buts subordonnés. — C'est en effet dans ce jeu alternatif des quatre buts universels de l'humanité, dirigé par la finalité dans la création physique de l'homme, que consiste le véritable développement de l'espèce humaine, tel qu'il s'est opéré jusqu'à ce jour, pour éveiller graduellement, dans l'homme, la spontanéité de sa raison, dont il commence enfin à avoir une conscience positive. Et c'est ce développement, en quelque sorte miraculeux, dans les quatre périodes parcourues ainsi par l'humanité, qui a dû échapper aux hommes, précisément parce que son objet, c'est-à-dire, l'éveil de la spontanéité créatrice de notre raison, n'a pu être connu qu'aujourd'hui même où nous le signalons comme étant le fruit actuel de la civilisation (*).

Nous dirons ici de plus, par anticipation sur la doctrine du messianisme, où sera donnée cette vraie philosophie de l'histoire, que, dans l'ère des buts transitifs, il existe de nouveau simultanément deux buts universels pour l'humanité, formés, l'un, par la combinaison des deux buts dominans de la première et de la troisième périodes, et l'autre, par la combinaison des deux buts dominans de la deuxième et de la quatrième périodes. — Or, cette combinaison actuelle des buts physiques de l'homme n'est manifestement rien autre que le RÉSUMÉ SYSTÉMATIQUE des quatre buts de l'humanité, en rangeant, d'un côté, les deux buts, le premier et le troisième, qui dépendent du SENTIMENT de l'homme, et de l'autre côté, les deux buts, le second et le quatrième, qui

---

(*) Sans méconnaître nullement les vues historiques de Bossuet, ni surtout la nouvelle tendance philosophique des Allemands pour établir la philosophie de l'histoire, nous pouvons déclarer ici que, par la raison que le véritable objet de cette philosophie a échappé aux hommes, comme nous venons de le reconnaître, il leur fut impossible, jusqu'à ce jour, de fixer l'idée exacte de cette haute branche philosophique du savoir humain. Ainsi, en considérant de plus que l'accomplissement de la vraie philosophie de l'histoire exige la connaissance de la loi de création elle-même, dont les hommes ne se sont pas encore douté, on concevra que les divers essais que l'on a faits pour donner cette philosophie, sans en excepter les plus récens, de Stutzmann, Fréd. Schlegel, etc., tout en offrant d'ailleurs des aperçus ingénieux, ont dû rester loin de leur véritable but. En effet, loin de prévoir les deux dernières des trois ères historiques de l'espèce humaine, où elle doit accomplir ses destinées sur la terre, précisément par la SPONTANÉITÉ CRÉATRICE de sa raison, dont le développement est l'unique objet de l'histoire, ces essais n'ont même pas reconnu, dans la susdite subordination alternative des quatre buts physiques de l'humanité, les quatre périodes effectives de la première de ces ères, que l'espèce humaine a déjà parcourues, et où il ne s'agit cependant que de son développement physique, dont les matériaux existans sont en quelque sorte palpables. — Nous le répétons, c'est en 1818, dans l'*Introduction au Sphinx*, que furent signalées, pour la première fois, ces quatre premières périodes de l'humanité, dans ce sens messianique de l'obtention successive de ses quatre buts physiques.

dépendent de sa COGNITION. — De cette manière très simple, il s'établit dans l'humanité deux buts dominans à la fois, et qui sont opposés l'un à l'autre, autant que le sont les deux natures de l'homme, corporelle et spirituelle, le sentiment et la cognition, auxquelles se rattachent ces deux nouveaux buts dominans. Et l'on conçoit à priori que, pour surmonter cette opposition générale dans ses vues, qui doit lui être funeste dans leurs résultats, et qui paralyse ainsi toutes ses résolutions, l'humanite doit alors chercher à se dégager de ses conditions terrestres, en reconnaissant que ce sont ces conditions physiques qui, comme hétérogènes avec la raison de l'homme, introduisent cette fatale contradiction dans sa réalité actuelle ou dans son existence terrestre.

Mais, ces deux nouveaux buts dominans, qui s'établissent dans l'ère transitive, et qui s'excluent ainsi réciproquement, ne peuvent subsister, ni l'un subordonné à l'autre, ni même l'un à côté de l'autre. Ces deux buts transitifs de l'humanité, qui doivent la conduire de l'ère relative à l'ère absolue de son développement, s'établissent, tour à tour, sans aucune autre règle que celle d'un triomphe éphémère dans leur lutte permanente; et ils ne forment ainsi, dans cette ère transitive, qu'une seule période, qui est, par conséquent, la CINQUIÈME PÉRIODE du développement de l'espèce humaine.

On conçoit, d'après ce que nous venons de dire de la nature des buts qui règnent daus cette ère transitive, que la cinquième période qu'elle forme, n'est rien autre que la période de l'antinomie sociale, que nous avons signalée plus haut comme étant l'état actuel de l'humanité. On conclura donc que nous sommes actuellement dans cette cinquième période, et que les deux buts opposés qui la remplissent, ne sont rien autre que les buts respectifs des deux partis politiques, des libéraux et des illibéraux, qui constituent la présente antinomie sociale. — Bien plus, en ayant égard à l'établissement universel de ces deux partis politiques dans le monde civilisé, on reconnaîtra, avec facilité, que le commencement positif et général de la cinquième période que nous signalons, date de l'époque de la révolution française. Et si l'on fait attention à l'état critique de l'espèce humaine, état qui, d'après ce que nous avons remarqué plus haut, est une conséquence nécessaire de l'ère transitive formant la cinquième période, en tant qu'il s'agit ici d'affranchir l'humanité des conditions de sa nature terrestre, pour la rendre apte à l'accomplissement absolu de ses destinées, on comprendra actuellement, tout à la fois, et les motifs des craintes que nous avons manifestées sur l'issue heureuse de la présente antinomie sociale, et les raisons de la grave perplexité où se trouvent aujourd'hui les gouvernemens dans leur inévitable dilemme de la direction, négative ou positive, des affaires publiques. En effet, on voit ici mieux encore que, si les gouvernemens adoptent la direction négative, l'humanité, qui n'a plus aucun but qui soit avoué par tous les hommes, courra immanquablement à sa ruine; et que, s'ils veulent adopter la direction positive, personne ne peut encore leur dire en quoi consiste cette direction salutaire, puisque, d'après ce que nous venons de reconnaître, la doctrine du messianisme, qui est encore loin d'être la propriété des hommes, peut seule, en fixant les lois de l'histoire, dévoiler les conditions cachées et profondes du terme providentiel où doit aboutir cette ère transitive, si critique pour l'humanité.

Nous devons donc indiquer encore ce terme providentiel, en montrant la marche par laquelle, si elle n'est pas empêchée par d'infernales influences des sectes mystiques, l'espèce humaine, en se plaçant du bon côté dans ses deux voies alternatives, de mérite ou de démérite, que nous avons signalées plus haut, pourra elle-même arriver à une issue salutaire de sa critique période actuelle. — Ce terme, le voici.

Lorsque l'humanité aura reconnu irréfragablement l'existence de son inévitable antinomie, et lorsqu'elle aura compris que cette contradiction dans sa raison provient de l'influence de ses conditions physiques ou terrestres, dont l'INERTIE est hétérogène avec la SPONTANÉITÉ de la raison, elle cherchera à s'affranchir de ces conditions physiques, étrangères à son essence inconditionnelle; et pour y parvenir, elle cherchera de plus à se donner un BUT ABSOLU, pris dans sa raison elle-même, et par conséquent libre des entraves contradictoires de sa nature terrestre. Mais, pour fixer ce but absolu, il faudra connaître les DESTINÉES FINALES de l'espèce humaine. L'humanité cherchera donc d'abord à dévoiler ces destinées absolues, en s'efforçant de découvrir la loi qui régit les progrès de son développement sur la terre; loi qui, d'après tout ce que l'on peut ici présumer, doit impliquer, dans sa tendance, les destinées de l'homme. C'est alors qu'en remontant aux principes premiers des deux buts dominans simultanément dans la cinquième période, c'est-à-dire, aux principes des deux partis politiques qui forment l'antinomie sociale, l'humanité parviendra, par le procédé que nous avons suivi plus haut, à découvrir cette mystérieuse LOI DU PROGRÈS de l'espèce humaine, consistant en ce que les deux partis sociaux ont pour objet final de produire ou de créer sur la terre, l'un, le VRAI, et l'autre, le BIEN, ces deux élémens primordiaux du monde, desquels, comme nous l'avons dit, dépend l'accomplissement de la création par l'homme.

Ainsi, il ne restera alors à l'humanité qu'à découvrir en quoi consiste, d'une part, le VRAI ABSOLU, et de l'autre, le BIEN ABSOLU; découverte qui, si l'on repousse constamment toute influence des sectes mystiques, sera amenée, comme une conséquence nécessaire, par le propre développement des deux partis sociaux, en les dirigeant, d'une manière positive, vers ces termes absolus de leurs progrès respectifs. Et en effet, lorsque l'homme connaîtra en quoi consiste le vrai absolu et le bien absolu, il est manifeste, par la condition que ces deux élémens primordiaux du monde, dans leur état absolu, sont nécessairement IDENTIQUES, c'est-à-dire, par la condition que le vrai absolu est aussi le bien absolu, et réciproquement, il est manifeste, disons-nous, que les deux partis sociaux s'identifieront à ces termes absolus de leur développement, et que l'antinomie de notre raison cessera d'exister. La raison humaine sera donc alors affranchie des conditions physiques de notre nature terrestre; elle jouira de toute la plénitude de sa spontanéité créatrice; et l'homme, conscient de cette spontanéité, reconnaîtra, dans sa raison, la virtualité de création, et obtiendra ainsi, en lui-même, la conscience claire et immanente du VERBE.

Telle sera donc l'issue glorieuse de cette cinquième et si critique période de l'humanité; période qui, formant l'ère transitive, doit faire passer l'espèce humaine de l'ère relative ou physique à l'ère absolue ou rationnelle, en l'affranchissant de ses conditions terrestres, et en lui rendant, dans toute son intégrité, l'usage absolu de sa raison. Et en effet, le développement complet, c'est-à-dire, dans toute sa plénitude, de la spontanéité créatrice de notre raison, lequel, comme nous venons de le voir, sera le fruit de cette cinquième période, formera manifestement cette haute transition, si décisive pour l'homme; et c'est précisément aussi cette transition que, suivant les plus anciennes révélations sacrées, l'humanité attend sous le nom de RÉHABILITATION.

Ainsi, à l'issue de la cinquième période, d'après ce qui est signalé dans le IXe problème messianique, l'espèce humaine accomplira déjà ses DESTINÉES RELATIVES. — Elle sera libérée de son état mortel de dépravation morale; et de plus, elle sera prête, dans son absolue pureté rationnelle, à procéder à l'accomplissement de ses DESTINÉES ABSOLUES, qui sont signalées dans le Xe problème messianique. — En effet, la conscience immanente du VERBE, qui sera alors le nouvel attribut de l'humanité, fondé sur la présence dans l'homme de la spontanéité pleine et entière de sa raison, le mettra au-dessus de son actuelle dépravation morale, l'affranchira de son état déchu qu'il hérite dans les conditions physiques de sa nature terrestre (*); et de plus, cette spontanéité pleinière de sa raison, cette virtualité créatrice, le mettra alors à même d'aborder la solution des grandes questions de ses destinées absolues, questions qui, d'après le XIIe problème messianique, formeront l'accomplissement final des progrès de l'humanité dans la troisième et dernière ère de son existence sur la terre.

Nous allons encore, par anticipation sur la doctrine du messianisme, qui donnera ainsi des lois générales à l'histoire, en embrassant les temps passés et les temps à venir, signaler les buts absolus que l'humanité se fixera dans cette troisième et dernière ère de son existence. — Pour cela, nous devons remarquer qu'à l'entrée de cette ère purement rationnelle, le vrai absolu et le bien absolu ne seront pas encore dévoilés à l'homme dans leur INTIME ESSENCE.

(*) C'est précisément cette INCARNATION DU VERBE dans Jésus-Christ qui, par sa virtualité créatrice, le constitue *Fils de Dieu* et le place hors de notre héréditaire dépravation morale, comme *libéré du pacte* que l'homme a contracté avec le démon lors de sa chute morale.

Ils ne seront alors que déterminés dans leurs CARACTÈRES EXTÉRIEURS, autant que, durant la cinquième période, il aura été nécessaire pour fixer ces deux élémens primordiaux du monde, comme termes absolus du développement respectif des deux partis sociaux, et par là même autant que, pour l'issue de cette critique période, c'est-à-dire, pour la solution de l'antinomie de la raison, il aura été nécessaire de déterminer ces caractères extérieurs, afin de pouvoir reconnaître que ces deux élémens primordiaux sont identiques dans leur état absolu, dans l'état où précisément ils forment ainsi les termes du développement respectif des deux partis antagonistes.

Il faut donc soigneusement distinguer ces simples CARACTÈRES EXTÉRIEURS du vrai absolu et du bien absolu d'avec L'ESSENCE INTIME elle-même de ces deux élémens primordiaux du monde. — Ces caractères extérieurs, tels qu'ils serviront pour l'accomplissement de la cinquième période, ne formeront encore que la DÉTERMINATION TEMPORELLE de ces élémens absolus; et, comme tels, ces caractères ne constitueront proprement que les PROBLÈMES de la découverte de ces élémens du monde. C'est la SOLUTION de ces problèmes transcendans qui devra conduire à leur DÉTERMINATION INCONDITIONNELLE, et qui, par conséquent, devra ainsi dévoiler l'essence intime du vrai absolu et du bien absolu.

Or, c'est la simple position de ces problèmes, considérés comme problèmes des DESTINÉES ABSOLUES de l'homme, qui, par l'aveu intime de ces destinées suprêmes, suffira, d'après ce que nous venons de reconnaître, pour amener la cessation définitive de l'antinomie de notre raison, et par conséquent pour accomplir la cinquième période, formant l'ère transitive de l'humanité. Et ce sont les solutions elles-mêmes de ces problèmes du vrai absolu et du bien absolu, considérées comme ACCOMPLISSEMENT des destinées finales de l'homme, qui, en formant ainsi les buts absolus de l'humanité, c'est-à-dire, les buts pris dans sa raison elle-même, seront les objets de la troisième et dernière ère de l'espèce humaine.

Pour éclaircir ces grandes questions, desquelles dépend manifestement le sort final de la terre, nous ajouterons ici, toujours par anticipation sur la doctrine du messianisme, que, dans l'ère transitive où nous nous trouvons, c'est à la PHILOSOPHIE, considérée comme législatrice du parti social de la cognition ou de l'expérience, qu'il appartiendra de poser ainsi le PROBLÈME DU VRAI ABSOLU, c'est-à-dire, de fixer les caractères extérieurs de cet élément primordial du monde, qui forme le terme du développement de ce parti libéral; et que, dans la même ère transitive, c'est à la RELIGION, considérée comme législatrice du parti social du sentiment ou de la révélation, qu'il appartiendra de poser de même le PROBLÈME DU BIEN ABSOLU, c'est-à-dire, de fixer aussi les caractères extérieurs de ce deuxième élément primordial du monde, qui forme le terme du développement de ce parti illibéral. Et nous ajouterons de plus que l'établissement de ces hauts et derniers problèmes de l'humanité assigne respectivement les limites que ne peuvent plus dépasser ces deux législatrices des hommes, la philosophie et la religion, telles que nous les considérons ici, c'est-à-dire, la philosophie temporelle et la religion révélée. En effet, la solution de ces problèmes exige, d'une part, pour s'élever à l'essence intime du vrai absolu, que l'on dépasse les conditions physiques de la cognition humaine, c'est-à-dire, les régions temporelles de la philosophie, et de l'autre part, pour s'élever à l'essence intime du bien absolu, que l'on dépasse les conditions physiques du sentiment humain, c'est-à-dire, les régions de la révélation religieuse.

Il nous importe donc ici, d'une manière décisive pour l'avenir de l'humanité, de savoir, d'abord, où en sont aujourd'hui la philosophie et la religion, dans leurs progrès respectifs vers leurs derniers termes, que nous venons de reconnaître, et surtout ensuite, quelle législatrice supérieure les remplacera au delà de ces termes, et donnera la solution des grands problèmes qu'elles doivent faire poser à l'humanité pour accomplir ses destinées relatives, et la préparer à l'accomplissement de ses destinées absolues. — Nous allons le dire.

Pour ce qui concerne d'abord la philosophie, après s'être partagée décidément, chez Bacon et chez Descartes, en philosophie empirique et en philosophie rationnelle, elle parvint, de part et d'autre, chez Hume et antérieurement chez Leibnitz, à mettre en évidence les deux principes de la réalité, L'ÊTRE, ou le principe matériel, et LE SAVOIR, ou le principe spirituel, en développant, d'une manière positive et irrécusable, leurs caractères respectifs, et nommément le caractère de CONTINGENCE dans le principe matériel, et le caractère de NÉCESSITÉ dans le principe spirituel. Il fut ainsi reconnu, tout à la fois, et que la réalité ne saurait être fondée exclusivement sur aucun de ces principes, et de plus que ces deux principes du monde sont essentiellement hétérogènes. De cette manière, vers le temps de l'établissement de l'antinomie sociale, il s'établit aussi, dans la philosophie, la conscience de cette ANTINOMIE SPÉCULATIVE OU DE COGNITION (*) entre les deux principes de la réalité. Ce fut alors que, par une dernière et grande réforme de la philosophie, Kant chercha définitivement à FONDER LA RÉALITÉ par la réunion de ces deux principes inséparables. Mais, vu l'hétérogénéité de ces principes, qui ne fut pas encore levée dans ce premier et imposant essai de la fondation définitive de la réalité, surtout dans sa partie spéculative (**), un scepticisme transcendant, provoqué en partie par

---

(*) Ce sont les diverses modifications de cette antinomie spéculative ou de cognition qui constituent les *antinomies spéculatives* que Kant a produites dans sa *Critique de la raison pure*. — On peut voir maintenant que ces antinomies de Kant ne sont que des cas très particuliers de l'antinomie générale ou universelle dans la raison de l'homme, que le messianisme signale aujourd'hui.

(**) *C'est seulement dans la partie pratique de sa philosophie, et nommément dans la production de* la LOI MORALE par la *raison pratique* de l'homme, que Kant s'est élevé, au delà de la nature spéciale des deux principes de la réalité, vers les régions absolues où cesse tout ce qu'il y a d'hétérogène et par conséquent de conditionnel dans ces deux principes, le savoir et l'être.

le moderne Énésidème, s'attacha, comme véhicule, à cette nouvelle et haute tendance philosophique. Et bientôt, par le concours d'un grand nombre de philosophes que produisit alors l'Allemagne, on sentit que l'hétérogénéité des deux principes, du savoir et de l'être, provenait de ce qu'ils sont réciproquement condition l'un de l'autre, et l'on conçut l'idée d'un principe supérieur et inconditionnel, duquel dériveraient, l'un et l'autre, ces deux principes conditionnels du monde, c'est-à-dire, on posa le PROBLÈME DE L'ABSOLU, de ce qui est par soi-même ou inconditionnellement. C'est ainsi que, par cette grande révolution de la philosophie en Allemagne, fut établie didactiquement la connaissance positive de la tendance de l'humanité vers l'absolu, et par conséquent, le POSTULATUM rationnel de l'absolu lui-même. Bien plus, ce postulatum fut confirmé réellement par Fichté, qui signala *in concreto* l'absolu dans la conscience transcendante du MOI de l'homme, et enfin arrêté didactiquement par Schelling, qui fixa *in abstracto* les caractères extérieurs de l'absolu dans L'IDENTITÉ PRIMITIVE DU SAVOIR ET DE L'ÊTRE.

Tel est donc le PROBLÈME DU VRAI ABSOLU que la philosophie, en accomplissant ainsi d'avance la cinquième période, a déjà posé à l'humanité pour la conduire à ses destinées absolues, en la portant à la solution de ce problème décisif, c'est-à-dire, à la découverte de l'essence intime du vrai absolu, dont les caractères extérieurs consistent dans cette identité primitive du savoir et de l'être. Et c'est la fixation de ce problème, précisé ainsi didactiquement par Schelling, qui, d'après tout ce que nous avons dit plus haut, et en tout d'après notre loi du progrès, doit être, durant cette critique période, le terme absolu pour la direction positive dans le développement du parti libéral de la cognition ou de l'expérience. — Mais, comme nous l'avons déjà prouvé à priori, la philosophie, en accomplissant ainsi les destinées relatives de l'humanité et en la préparant par là à ses destinées absolues, cesse actuellement ses hautes fonctions : tout ce qu'elle a pu faire, c'est de poser et de fixer didactiquement ce grand problème du vrai absolu, qui signale à l'homme l'un des côtés de ses destinées absolues ; la solution elle-même de ce problème transcendant, qui exige que l'on dépasse les régions temporelles de la cognition humaine, n'est plus au pouvoir de la philosophie, dont les bornes sont les mêmes que celles de ces régions de la cognition de l'homme. Aussi, les plus grands efforts qui ont été faits depuis Schelling, par d'autres philosophes non moins éminens, pour donner la solution de ce grand problème de l'absolu, ont été infructueux, et n'ont fait que ramener *in concreto*, d'après les vues de Fichté, à la conscience transcendante de l'absolu dans le MOI de l'homme, et plus positivement au sentiment de l'absolu dans la raison humaine, c'est-à-dire, à la conscience immanente du VERBE dans l'homme. — C'est là le dernier fruit de la philosophie, par lequel, comme on le voit, elle aboutit à l'aveu didactique de la religion chrétienne ; et c'est ce progrès final que nous avons signalé plus haut comme étant, dans l'école de Vienne, le dernier développement de cette profonde et décisive philosophie, telle qu'elle vient d'être accomplie en Allemagne.

Pour ce qui concerne ensuite la religion, après s'être aussi partagée décidément, chez les protestans et chez les mystiques (*), en religion pratique et en religion contemplative, qui sont les deux développemens inévitables de l'état stationnaire de l'église romaine, la religion décèle aujourd'hui deux principes hétérogènes de moralité, savoir, chez les protestans, le précepte moral considéré comme règle établie par la RAISON PRATIQUE de l'homme, et, chez les mystiques, le principe moral considéré comme COMMANDEMENT DE DIEU révélé à l'homme : les caractères distinctifs de ces deux principes moraux sont évidemment, dans le premier, l'ACTIVITÉ de la volonté humaine, et dans le second, la PASSIVITÉ de l'aveu ou de la soumission de l'homme. Ainsi, puisque ces deux principes sont hétérogènes, et qu'ils dérivent cependant, l'un et l'autre, et avec égale raison, de la révélation religieuse du christianisme, il est manifeste que la moralité ne saurait être fondée exclusivement sur aucun de ces deux principes. De cette manière, à l'époque de l'établissement de l'antinomie sociale, il s'établit aussi, dans la religion, une ANTINOMIE PRATIQUE OU DE SENTIMENT (**) entre les deux principes de la moralité. Il s'ouvre donc également ici le champ à une grande réforme religieuse, analogue à la réforme philosophique opérée par Kant, et qui, par conséquent, aura pour objet de FONDER LA MORALE par la réunion de ces deux principes inséparables, puisqu'ils sont, l'un et l'autre, également impliqués dans la révélation religieuse du christianisme (***).

(*) Il ne faut pas confondre ce mysticisme religieux avec le mysticisme infernal qui est signalé dans le XIIIe problème messianique et que nous désignons simplement par le nom de *sectes mystiques*, en rappelant ses vues hostiles envers l'humanité actuelle. En général, nous devons, dès à présent, prévenir que le MYSTICISME, ce document ineffaçable d'un monde antérieur, se manifeste sous trois classes distinctes, savoir, 1° le *mysticisme théosophique*, qui veut participer à la création par des œuvres surnaturelles; 2° le *mysticisme religieux* ou *agathodémonique*, dont il s'agit ici; et 3° le *mysticisme infernal* ou *cacodémonique*, que nous désignons du nom de sectes mystiques. — La doctrine du messianisme déchirera enfin le voile épais qui cache si complètement, aux yeux des hommes, ces débris du monde antérieur, parmi lesquels *se fomente*, par des inspirations sataniques, la ruine du *monde actuel*.

(**) C'est à cette classe générale d'antinomie pratique ou de sentiment qu'appartient *l'antinomie pratique* que Kant a produite dans sa *Critique de la raison pratique*. — Avec sa sagacité ordinaire, ce philosophe signale encore une *antinomie téléologique* dans sa *Critique du jugement*, concernant la troisième grande faculté psychologique de l'homme, que nous désignerons toujours du nom de *jugement compréhensif*, ou simplement de celui de *compréhension*, par les raisons que nous dirons ailleurs. — Ainsi, d'après ce que nous avons déjà remarqué plus haut, toutes ces diverses antinomies spéciales, qu'il importait à la philosophie de connaître dans chacune des trois facultés psychologiques, ne sont toutes que des cas particuliers de l'antinomie générale que le messianisme dévoile aujourd'hui dans la raison de l'homme.

(***) Si l'église latine, en suivant sa haute sagesse de *juste-milieu religieux*, qui lui a été si salutaire jusqu'à ce jour, et qui a réellement sauvé la religion, persiste à demeurer stationnaire, en méconnaissant la présente nécessité de cette grande réforme de la religion, l'église grecque, qui se distingue précisément par ce qu'elle a en elle des élémens de progrès, ne manquera pas de marcher dans cette voie nouvelle,

— Le premier produit de cette grande et dernière réforme de la religion sera manifestement de fonder la moralité sur ce que le précepte moral, qui est prescrit par la raison pratique de l'homme, doit être considéré A L'INSTAR d'un commandement de Dieu. Mais, cette simple considération théologique, qui d'ailleurs s'est déjà introduite dans quelques vues philosophiques de la religion, demeurerait stérile, pour la spéculation et pour la pratique, si elle ne recevait ultérieurement, par la théologie, une interprétation utile et positive. Et cette interprétation ultérieure sera manifestement que, par suite de cette fondation religieuse de la morale, celle-ci doit enfin recevoir une CONNEXION FINALE, une liaison rationnelle avec un but, dont elle a été privée jusqu'à présent. En effet, la religion promettait bien l'immortalité pour récompense des actions morales; mais, cette simple promesse ne liait nullement, d'une manière rationnelle, l'immortalité, considérée comme effet, avec la morale, considérée comme cause : elle n'établissait ainsi l'immortalité que comme une fin résultant de la morale (*finis in consequentiam veniens*), et non comme un véritable but de la morale (*finis in principium veniens*). Or, c'est précisément cette connexion rationnelle entre la morale et l'immortalité, considérées respectivement comme cause et effet, ou comme moyen et but, que doit maintenant établir la grande réformation religieuse que nous attendons. — Mais, comme l'idée de l'immortalité est entièrement transcendante, sa connexion avec la morale, dont l'idée est immanente (*), ne saurait encore être reconnue par l'homme autrement que par la RÉVÉLATION. Ainsi, dans le cas où la révélation du christianisme est complète, comme tout nous porte à le croire, la réformation religieuse qui est prochaine, doit découvrir, dans cette révélation religieuse, formant le Nouveau-Testament, la connexion causale entre la morale et l'immortalité, qui en sera le grand objet : seulement dans le cas où cette indispensable connexion causale ne serait pas contenue dans la révélation du christianisme, une nouvelle révélation divine deviendrait aujourd'hui nécessaire pour l'accomplissement des destinées de l'humanité. — Or, le Nouveau-Testament contient effectivement, et d'une manière fort explicite, cette haute révélation de la connexion causale entre la morale et l'immortalité; et il la contient nommément dans

---

laquelle résulte actuellement, comme un corollaire inévitable, de la sainte révélation elle-même du christianisme. C'est même là, et uniquement là, ce vague besoin d'une réformation religieuse qui est aujourd'hui senti généralement. — On pourra ainsi, dès à présent, apprécier au juste, d'une part, la valeur des différens schismes religieux, et de l'autre, l'absurdité de la prétention de ceux qui affirment que le christianisme est déjà accompli.

(*) La philosophie moderne désigne, par le mot *immanent*, ce qui existe sous les conditions du temps, et par le mot *transcendant*, ce qui est au delà de ces conditions, comme, par exemple, l'idée de l'Être-Suprême dans le déisme. Et elle désigne de plus, par le mot *transcendantal*, ce qui est engendré hors des conditions du temps, mais qui trouve son application sous ces conditions, comme, par exemple, les catégories de l'entendement humain.

l'entretien de Jésus avec Nicodème, l'un des chefs des Pharisiens, où (d'après S. Jean, III, 3...7) Jésus lui signale expressément la RÉGÉNÉRATION SPIRITUELLE de l'homme comme étant la condition de son immortalité. En effet, cette régénération spirituelle postule manifestement une virtualité créatrice dans l'homme, c'est-à-dire, la conscience immanente du verbe; donc, si la morale, considérée comme LÉGALITÉ des actions humaines, reçoit, par la théologie, la nouvelle attribution religieuse de servir de condition à la possibilité de développer chez les hommes cette virtualité créatrice, la conscience du verbe, elle se trouvera nécessairement en connexion causale avec l'immortalité. Ainsi, la réformation religieuse que l'humanité attend actuellement, aura pour objet d'établir, comme but moral, et par conséquent comme bien suprême, la RÉGÉNÉRATION SPIRITUELLE de l'homme, c'est-à-dire, sa CRÉATION PROPRE par la réalisation positive du verbe qui est en lui.

Tel est donc le PROBLÈME DU BIEN ABSOLU que la religion, et nommément la religion chrétienne, lorsqu'elle aura accompli sa réforme dans cette cinquième période, posera à l'humanité pour la conduire aussi à ses destinées absolues, en la portant à la solution de ce problème également décisif, c'est-à-dire, à la découverte de l'essence *intime* du bien absolu, dont les caractères extérieurs consistent dans cette création propre de l'homme. Et c'est aussi la fixation de ce problème, précisé de même didactiquement par la réalisation du verbe dans l'homme, qui, d'après tout ce que nous avons dit plus haut, et en tout d'après notre loi du progrès, devra être, durant cette critique période, le terme absolu pour la direction positive dans le développement du parti illibéral du sentiment ou de la révélation. — Mais encore ici, comme nous l'avons également prouvé déjà à priori, la religion, en accomplissant ainsi les destinées relatives de l'humanité et en la préparant par là à ses destinées absolues, cessera alors ses augustes fonctions : tout ce qu'elle a dû faire, c'est de poser et de fixer didactiquement ce grand problème du bien absolu, qui signale à l'homme le deuxième côté de ses destinées absolues; la solution elle-même de ce problème transcendant, qui exige aussi que l'on dépasse les régions temporelles du sentiment humain, où est le siége intime de toute révélation religieuse, n'est plus au pouvoir de la religion, dont les bornes sont les mêmes que celles de ces régions du sentiment de l'homme (*). Et en effet, lorsque, dans l'entretien

---

(*) On peut ici se former une idée de l'impudeur de ceux qui annoncent aujourd'hui de nouvelles révélations à l'humanité. — Oui, il existe encore, dans cette critique période, quelques révélations nouvelles qui vont s'y manifester; mais, d'après tout ce qui vient d'être arrêté irréfragablement, ces révélations ne peuvent naître que dans l'abîme même de l'héréditaire dépravation morale de l'homme. La doctrine du messianisme dévoilera le code entier de ces révélations sataniques. Et nous annonçons ici que certaines révélations que l'on produit aujourd'hui dans le but d'avancer le progrès de l'humanité, ce qui, d'après l'interprétation messianique, veut dire tout le contraire, seraient extraites littéralement de l'un des chapitres de ce code infernal, si l'extrême ignorance des hommes qui se produisent ainsi, et qui

susdit, Nicodème demande à Jésus : *Quomodò possunt hæc fieri?* Jésus répond : *Si terrena dixi vobis, et non creditis, quomodò, si dixero vobis cœlestia, credetis?* — Tout ce que la théologie pourra faire encore, ce sera de reconnaître que la RÉALISATION du verbe dans l'homme, qui doit opérer sa création propre pour lui donner l'immortalité, ne pourra être effectuée que par la découverte de l'ABSOLU, de ce principe de toute réalité. — Ce sera là le dernier fruit de la religion, par lequel, comme on le voit ici, elle aboutira, de son côté, à la philosophie, comme plus haut la philosophie aboutit à la religion.

Voilà donc quelle sera, à l'issue de l'ère transitive de l'humanité, c'est-à-dire, lors de l'accomplissement de ses destinées relatives, l'UNION FINALE de la philosophie et de la religion, par laquelle l'espèce humaine se trouvera ainsi préparée à ses destinées absolues. — Avant de reconnaître quelle faculté ou force nouvelle sera acquise à l'humanité par cette union finale de la philosophie et de la religion, et si cette faculté sera suffisante pour lui faire accomplir ses destinées absolues dans la troisième et dernière ère de son existence, voyons, d'après tout ce que nous avons déjà déduit, quels buts nouveaux et, par conséquent, quelles périodes nouvelles se présenteront dans cette ère finale.

Or, nous venons de reconnaître qu'à l'issue de l'ère transitive, et ce qui précisément en formera l'accomplissement, deux problèmes absolus seront proposés à l'humanité, l'un par la philosophie, ayant pour objet le vrai absolu, et l'autre par la religion, ayant pour objet le bien absolu ; problèmes qui seront les dernières et décisives lois que porteront ces deux législatrices suprêmes de l'espèce humaine, et par conséquent le fruit de l'existence de l'humanité jusqu'à cette époque solennelle. C'est donc la solution de ces deux problèmes qui, dans la dernière ère de l'existence de l'humanité, constituera ses DEUX BUTS ABSOLUS, pris manifestement, non dans les conditions de sa nature terrestre, mais dans celles de la raison elle-même.

De plus, nous avons reconnu que le deuxième de ces problèmes, ayant pour objet la réalisation du verbe dans l'homme, ne peut être résolu que par la découverte antérieure de l'absolu, qui est le principe de toute réalité, et qui précisément est l'objet du premier des deux problèmes augustes dont il s'agit. Ainsi, la solution de ces problèmes ne saurait être simultanée ; et les deux buts absolus qui ont pour objet cette solution, ne pourront s'établir que successivement, l'un après l'autre. Il existera donc, dans la troisième et dernière ère de l'humanité, DEUX PÉRIODES distinctes, qui seront conséquemment la sixième et la septième périodes de l'espèce humaine.

Dans la première de ces deux périodes finales, formant la SIXIÈME PÉRIODE de l'humanité, le but dominant sera la solution du problème du vrai absolu,

---

peut-être ne sont que des ignorans, ne décelait pas trop ouvertement la CONFUSION DES SUJETS HÉTÉROGÈNES, qui est le fond de leur prétendue révélation.

c'est-à-dire, la DÉCOUVERTE DE LA VÉRITÉ, consistant dans la découverte de l'absolu, de ce qui est par soi-même ou inconditionnellement, et qui, d'après la susdite détermination didactique de ce premier problème, doit être l'identité primitive du savoir et de l'être. Et dans la seconde de ces périodes finales, formant la SEPTIÈME ET DERNIÈRE PÉRIODE de l'humanité, le but dominant sera la solution du problème du bien absolu, c'est-à-dire, L'OBTENTION DE L'IMMORTALITÉ par la régénération spirituelle de l'homme, par sa création propre, qui, d'après la susdite détermination didactique de ce deuxième problème, doit être la réalisation du verbe dans l'homme par la découverte de l'absolu. — Ainsi, d'abord, la sixième période aura pour objet la solution du grand problème de la philosophie, et sa doctrine, chargée de cette solution, constituera la PHILOSOPHIE ABSOLUE; ensuite, la septième période aura pour objet la solution du grand problème de la religion, et sa doctrine, chargée de même de cette solution, constituera la RELIGION ABSOLUE. Et comme, d'après tout ce que nous avons déjà dit, c'est le MESSIANISME qui doit remplir cette double tâche, il est manifeste que la doctrine du messianisme constitue, tout à la fois, et la philosophie absolue et la religion absolue, suivant que l'on considère ses deux problèmes comme étant donnés, tour à tour, par la philosophie ou par la religion (*). — Mais, sans nous attacher encore à ces attributions spéciales du messianisme, qui auront aussi leur importance, bornons-nous à reconnaître le fond même de cette doctrine absolue, c'est-à-dire, les deux grands buts que nous venons de fixer, comme étant les buts absolus que l'humanité doit se poser et doit atteindre dans la sixième et dans la septième périodes de ses progrès, qui forment l'ère absolue de son existence dans ce monde.

Tel sera donc, dans cette dernière ère de l'espèce humaine, l'accomplissement des DESTINÉES ABSOLUES de l'homme, et par là même, l'accomplissement de cette fin auguste dans la création de la terre. — Il ne nous reste, pour nous assurer de ce glorieux avenir de l'humanité, qu'à reconnaître que l'homme possède effectivement les facultés infinies qui sont requises pour atteindre de si immenses destinées. Nous allons le reconnaître en toute réalité.

En nous reportant à l'UNION FINALE de la philosophie et de la religion, telle que nous l'avons reconnue ci-dessus, comme devant être opérée à l'issue de l'ère transitive et, par conséquent, à l'entrée dans l'ère des destinées absolues de l'homme, et en nous plaçant de plus au degré précis où se trouvera alors le développement progressif de la spontanéité de notre raison, après avoir parcouru tous les degrés antérieurs qui ont été signalés plus haut, nous reconnaîtrons, pour peu que nous voulions approfondir cette grave question, que la raison de l'homme, étant alors affranchie de toutes les entraves terrestres, sera

(*) Hélas, pour ne pas effaroucher nos lecteurs, nous n'avons osé inscrire, sur le titre de cet ouvrage, que le mot de *philosophie absolue*. — Ce trait seul suffirait pour caractériser nos contemporains.

parvenue, dans cette époque solennelle, à développer complètement sa propre et infinie puissance. — Or, c'est cette puissance infinie que, dès aujourd'hui, le messianisme apporte à l'humanité; et, d'après tout ce que nous venons d'apprendre, cette puissance nouvelle consiste dans la SPONTANÉITÉ ABSOLUE de la raison de l'homme, c'est-à-dire, suivant toute la force de cette expression, dans la FACULTÉ CRÉATRICE qui est inhérente au savoir humain, et qui, jusqu'à ce jour, n'a été, ni n'a pu être connue, sous le nom de RAISON, que dans ses entraves inertes ou terrestres, formant les conditions temporelles de l'existence physique de l'homme, et par conséquent de l'existence actuelle de son savoir.

Nous ne pouvons ici, dans ce simple prodrome du messianisme, signaler mieux cette haute spontanéité de la raison humaine qu'en déclarant qu'elle constitue, dans l'homme, la faculté de RECONNAÎTRE L'ABSOLU, ce principe premier de toute réalité, tel que nous l'avons d'abord défini dans notre *Prospectus*, et tel surtout que nous l'avons déterminé ici didactiquement, en le faisant consister dans l'identité primitive du savoir et de l'être, de ces deux principes inséparables de toute réalité. — En effet, une faculté pareille, qui peut spontanément, c'est-à-dire, par elle-même, fixer le principe ou l'origine de toute réalité, est manifestement la FACULTÉ CRÉATRICE; et, comme telle, elle ne peut différer que par le degré d'intensité, de la faculté créatrice primitive qui, conformément à ce que nous pouvons déjà reconnaître, n'est aussi que la spontanéité absolue de la raison suprême du Créateur.

Pour rendre plus populaire cette haute conception de la spontanéité absolue de la raison, nous ajouterons ici qu'elle se manifeste *in concreto* par l'acte intellectuel du POURQUOI, qui, d'après ce que nous avons déjà remarqué plus haut, est notoirement le caractère distinctif de la raison, et par là même, le caractère distinctif du savoir humain. — Cet acte intellectuel du pourquoi, que l'homme seul peut produire parmi tous les êtres vivans de notre globe, et qui établit ainsi l'infinie différence entre son intelligence et celle des animaux, et par conséquent l'infinie différence entre leurs valeurs ou réalités respectives, cet acte rationnel du pourquoi, disons-nous, est manifestement l'expression de la tendance de la raison humaine vers l'absolu, vers ce qui est inconditionnellement ou par soi-même; et, comme tel, cet acte intellectuel est INFINI, dans toute la force de ce mot, c'est-à-dire que rien ne peut le limiter, que nulle condition inerte ne peut arrêter son libre et propre essor. C'est là précisément ce qui, dans toute création, constitue la SPONTANÉITÉ de la faculté créatrice, ainsi que nous le verrons, d'une manière didactique, dans la doctrine du messianisme.

Telle est donc la TOUTE-PUISSANCE de la raison de l'homme; source de son action infinie, et garant de son indestructible existence. Et c'est précisément cette toute-puissance de la raison humaine, demeurée si long-temps méconnue ou plutôt ensevelie dans notre nature terrestre, que le messianisme a mission d'explorer sur la terre, pour créer les VÉRITÉS ABSOLUES qu'il doit révéler aux hommes. — On concevra ainsi d'avance que toute production intellectuelle du messianisme, c'est-à-dire, toute vérité créée par cette doctrine nouvelle, lorsqu'elle sera conforme à ses conditions de spontanéité absolue, doit être INFAILLIBLE; car, comme on peut déjà l'entrevoir ici, et comme on le verra positivement dans la doctrine elle-même, la VÉRITÉ n'est rien autre que la détermination de la réalité par la spontanéité créatrice de la raison, conformément à ses propres conditions spontanées, qui sont ce qui constitue l'immuable LOI DE CRÉATION. — C'est là, en effet, la déduction absolue de l'origine de la vérité; déduction que plus haut nous avons promis de donner.

Mais, il ne faut pas confondre la RAISON ABSOLUE, qui sera la législatrice du messianisme, avec la RAISON TEMPORELLE, que les hommes ont connue jusqu'à ce jour, et qui, comme nous l'avons déjà laissé entrevoir dans la deuxième partie de ce prodrome, résulte de l'application de la raison absolue, de ce principe spontané de toute réalité humaine, aux deux grandes facultés psychologiques de l'homme, c'est-à-dire, à la COGNITION et au SENTIMENT, qui font partie de notre existence physique ou terrestre, et qui se trouvent ainsi soumises aux conditions inertes de cette existence, et nommément à celles du temps où elles ont lieu. Dans cette application physique, la raison absolue subit nécessairement l'influence de ces conditions inertes de la nature terrestre de l'homme; et de-là, c'est-à-dire, de cette espèce de paralysie dans la spontanéité absolue de la raison, provient précisément, comme nous l'avons déjà dit, la fatale ANTINOMIE qui se trouve dans notre raison temporelle, formant cette application de la raison absolue.

Il nous suffira ici de dire, par anticipation sur la doctrine du messianisme, d'une part, que l'application de la raison absolue à notre faculté psychologique de la cognition, produit en nous la faculté supérieure de la création des PRINCIPES et de la déduction des CONSÉQUENCES, laquelle est le grand objet de la PHILOSOPHIE; et, de l'autre part, que l'application de la raison absolue à notre faculté psychologique du sentiment, produit en nous la faculté supérieure du sentiment MORAL et du sentiment RELIGIEUX, laquelle est le grand objet de la RELIGION. — On pourra ainsi entrevoir déjà comment le messianisme parviendra à l'union finale de la philosophie et de la religion, en les dégageant, l'une et l'autre, de leurs entraves physiques ou terrestres, et en les ramenant, au de-là de ces conditions temporelles, à la raison absolue, qui est leur source commune. On pourra de plus reconnaître déjà comment, par l'influence de ces conditions temporelles ou de ces entraves physiques, deviennent possibles, d'une part, L'ERREUR, dans le domaine de la philosophie, et de l'autre, LE PÉCHÉ, dans le domaine de la religion; surtout lorsque ces conditions physiques sont communes à celles de l'héréditaire dépravation morale de l'espèce humaine, qui fait partie de sa nature terrestre. Et l'on comprendra alors comment la raison absolue, qui est au-dessus de ces conditions physiques, de cette souillure terrestre, et qui, dans le messianisme, doit détruire jusqu'à la source de l'erreur et du péché, forme, sous l'expression allégorique de la VIERGE QUI DOIT ÉCRASER LA TÊTE DU SERPENT, l'accomplissement de cette prédiction sacrée. — C'est donc cette vierge auguste que le messianisme introduit aujourd'hui dans le sanctuaire de l'humanité.

Toutefois, il ne faut pas non plus confondre la RAISON avec L'ABSOLU lui-même. — Elle n'est que la faculté qui peut reconnaître et par conséquent découvrir ou créer l'absolu; et c'est précisément afin de pouvoir remplir une si haute fonction, la plus élevée qui existe dans l'ordre de la création, que la raison est douée d'une absolue spontanéité, c'est-à-dire, de la faculté créatrice. Aussi, dans cette destination de créer l'absolu lui-même, qui est le principe ou la source de toute réalité, la raison est-elle manifestement cette VIRTUALITÉ de la création qui, d'après ce que nous avons dit dans notre *Prospectus*, constitue le VERBE. Et c'est ainsi qu'avant toute création, le verbe était en Dieu, et qu'il l'est de même dans l'homme, doué de la raison absolue, et destiné, par ce don auguste, à accomplir lui-même sa propre création. — Mais, quoiqu'elle ne soit encore qu'une simple virtualité, la raison absolue, ce verbe en nous, étant considérée comme une RÉALITÉ virtuelle, ne peut elle-même être conçue que par le principe de toute réalité, c'est-à-dire, par l'absolu, qu'elle doit précisément créer pour se donner ainsi à elle-même sa propre réalité. Et c'est là le grand MYSTÈRE DE LA CRÉATION que le messianisme doit dévoiler (*).

Voilà les destinées de l'humanité. — Nous venons de déchirer le voile impénétrable qui les a couvertes jusqu'à ce jour. — Ainsi, le but auguste de la

(*) Pour prévenir ici la confusion des idées, et pour compléter par là cette révélation messianique, nous allons signaler encore la gradation de la conscience humaine, en annonçant qu'elle se développe dans l'homme parallèlement à ses grandes facultés, et qu'elle se diversifie ainsi par suite de l'opposition qui existe entre les conditions physiques et la virtualité hyperphysique de l'être raisonnable. La voici. — 1° La *conscience sentimentale* ou par *appréhension* : c'est le MOI EMPIRIQUE, passif, qui est l'attribut de l'animal, mais qui se distingue dans l'homme par le concours de la raison, par lequel précisément il forme, dans la philosophie, le principe psychologique de l'empirisme, et dans la religion, le verbe contemplatif du mysticisme. 2° La *conscience cognitive* ou par *aperception* : c'est le MOI LOGIQUE, actif, qui est déjà l'attribut distinctif de l'homme, et qui forme, dans la philosophie, le principe rationnel du dogmatisme, et dans la religion, le verbe pratique du protestantisme. 3° La *conscience compréhensive* ou par *réflexion* : c'est le MOI TRANSCENDANTAL, qui forme, dans la philosophie, le principe du criticisme de Kant, et dans la religion, le véritable verbe du christianisme, tel qu'il devra se développer par le prochain accomplissement de la religion dans le finalisme rationnel de la morale. 4° La *conscience de génie* ou par *production* : c'est le PROBLÈME DU MOI TRANSCENDANT, qui forme, dans l'union finale de la philosophie et de la religion, leur principe commun, constituant la vraie CONSCIENCE IMMANENTE DU VERBE, à laquelle doivent aboutir la philosophie et la religion. Enfin, 5° La *conscience absolue* ou par *création* : c'est le MOI TRANSCENDANT, qui forme le principe du messianisme, et qui est la conscience de la spontanéité absolue de la raison, la virtualité en Dieu et dans l'homme, le VERBE PUR, par lequel doit être découvert l'absolu, et qui, en se réalisant ainsi lui-même par cette découverte du principe de toute réalité, opérera la création propre de l'homme, son immortalité.

création des êtres raisonnables, et par conséquent le but mystérieux de l'existence de l'univers, sont aujourd'hui dévoilés à l'homme.

Quand même la présente doctrine du messianisme ne recevrait plus aucun développement ultérieur, ce que nous venons de dire, dans ce simple prodrome, suffirait déjà pour arrêter définitivement le sort de l'humanité. — En effet, les lois absolues de l'histoire, en embrassant les temps passés et les temps à venir, se trouvent ici fixées irrévocablement, avec une détermination suffisante pour que la marche de l'espèce humaine soit désormais infaillible. Et ce qui porte la garantie de cette infaillibilité, c'est que toutes ces lois dérivent ici, comme autant de déterminations spéciales, d'une seule loi universelle, de la LOI DU PROGRÈS, qui est ainsi la loi suprême des destinées humaines, et qui, comme nous venons de le voir, provient immédiatement de la spontanéité créatrice de la raison, de cette source absolue de toute vérité (*).

C'est donc cette loi du progrès de l'espèce humaine que nous donnons ici au monde comme premier fruit du messianisme. Et c'est à L'UNION ANTINOMIENNE que nous confions spécialement le dépôt sacré de cette loi primordiale, avant que les gouvernemens, retenus encore par l'inertie providentielle qui leur est si sagement inhérente, puissent eux-mêmes imprimer à l'espèce humaine la DIRECTION POSITIVE, telle que l'assigne à son développement cette auguste loi.

Dans le *Prospectus du Messianisme*, nous avons signalé l'urgence politique de la réunion que doivent opérer, dans cette critique période de l'humanité, ceux des hommes supérieurs qui commencent à pressentir sérieusement les funestes conséquences de la fatale position où se trouve l'espèce humaine. Ce que nous venons de reconnaître positivement, dans ce prodrome du messianisme, concernant le périlleux avenir de l'humanité, donne aujourd'hui, dans toute la force de cette expression, la preuve irréfragable de la NÉCESSITÉ MORALE de cette urgente union des hommes pour qui la dignité de leur être et leurs destinées éternelles ont quelque réalité. Et encore, le principal motif de cette union, consistant dans l'impérative obligation de renverser les trames infernales qu'ourdiront maintenant, plus que jamais, des êtres mystérieux et hostiles à l'homme, n'est pas connu de l'humanité. — Nous dévoilerons incessamment ce motif majeur, lorsque nous aurons pris les mesures nécessaires pour le faire avec sûreté.

(*) *Qu'on se figure maintenant, l'un et l'autre, l'audace et l'ignorance* de ces hommes qui, après avoir entrevu, dans le *Sphinx*, quelques uns des grands mots dont le messianisme révèle aujourd'hui le sens profond, sont venus, dix ans après, répéter ces mots, comme par exemple ceux de *développement de l'humanité*, de *loi du progrès*, de *quatre périodes parcourues*, etc., en leur attribuant, sous le nom d'un auteur défunt, qu'ils déshonorent ainsi, un sens tellement trivial que les plus communs des hommes, s'ils étaient chargés de donner une interprétation à ces mots, leur trouveraient immanquablement un sens plus élevé. — Rien ne peut être comparé à cette audace que la docilité du public à qui ces imposteurs débitent de pareilles platitudes; et rien ne peut égaler leur ignorance que la prétention qu'ils manifestent ainsi de dérouter les hommes et de paralyser leur raison, en prenant d'avance une si pitoyable position contre les vérités augustes que le messianisme doit dévoiler.

Ainsi, il est actuellement arrêté, d'une manière irrévocable, que le PREMIER DEVOIR de l'homme qui ressent en lui sa haute vocation, est aujourd'hui d'unir ses efforts à ceux d'autres hommes supérieurs pour écarter le péril imminent du monde civilisé, et pour sauver l'humanité en la dirigeant vers l'accomplissement de ses destinées absolues. Et cette obligation morale prend même un CARACTÈRE RELIGIEUX, des plus sacrés, pour l'homme qui peut approfondir ce que nous avons dit plus haut de la grande réforme de la religion, attendue aujourd'hui, et ayant pour but d'attacher à la morale une finalité divine, celle précisément dont il s'agit ici, c'est-à-dire, la finalité d'obtenir, par la morale, les conditions nécessaires à la régénération spirituelle de l'homme, à son immortalité. — Or, c'est précisément cette union des hommes supérieurs, fondée sur de pareilles bases, morale et religieuse, que, par une anticipation politique, nous avons déjà signalée, dans le *Prospectus*, sous le nom D'UNION ANTINOMIENNE.

Nous reconnaissons donc ici, d'une manière positive, que cette union antinomienne formera, à l'époque actuelle, et pour tout l'avenir, une nouvelle communauté spirituelle des hommes, dont le but spécial sera la GARANTIE DU SALUT DE L'HUMANITÉ. — Bien plus, par le nouveau caractère *religieux* que nous venons de lui reconnaître, cette union antinomienne ne pourra être formée que dans le sein de l'église chrétienne, dont elle doit accomplir l'institution sacrée en réalisant enfin aujourd'hui son auguste idéal, LE RÈGNE DE DIEU SUR LA TERRE, par l'attribution positive de la finalité divine à la morale de l'homme, ayant pour objet de faciliter le développement progressif de l'humanité, par une juste répartition des biens terrestres suivant le mérite de chacun (*). — Il est sans doute superflu d'ajouter ici que cette union antinomienne, lorsqu'elle sera suffisamment consolidée, servira aussi à effectuer sur la terre cette UNITÉ DE RELIGION et cette UNIVERSALITÉ D'ÉGLISE que le christianisme, dans les bornes salutaires où il a dû être retenu jusqu'à ce jour, n'a pas encore pu réaliser. En effet, lorsque les vérités religieuses seront définitivement des vérités absolues, démontrées en tout, avec une rigueur didactique, par la raison de l'homme, ainsi que le seront incontestablement celles que nous venons de signaler, elles deviendront, par toute la terre, aussi uniques et aussi universelles que le sont aujourd'hui les vérités mathématiques.

Nous ne devons, ni ne pouvons nous-mêmes nous occuper activement de la

(*) On ne sait trop à qui des deux il faut attribuer un plus grand oubli des vérités religieuses, à ceux qui viennent introduire, parmi les chrétiens, comme une chose nouvelle, l'antique institution de l'église chrétienne, ayant pour objet de réaliser sur la terre le règne de Dieu, *afin de répartir parmi les hommes le bien d'après une justice universelle*, ou à ceux qui, après avoir reçu, durant des siècles, les bienfaits de cette institution, et mérité ainsi, par leur aveu, le titre de *très chrétiens*, souffrent aujourd'hui qu'on vienne abuser si indignement de leur prétendue ignorance de ces vérités religieuses.

fondation de cette union antinomienne. — Tout ce qu'il a été de notre devoir de faire, c'est de signaler, dans la présente doctrine du messianisme, l'urgente nécessité morale de l'existence de cette union, en fixant ses buts sacrés et en lui faisant connaître les moyens propres à les atteindre. — C'est aux hommes à remplir cette haute obligation, que leur imposent aujourd'hui, tout à la fois, et leurs intérêts suprêmes, réglés désormais par la nouvelle morale religieuse qui vient d'être fixée, et même leurs intérêts terrestres, si fortement compromis dans le désordre actuel du monde civilisé. Partout, dans la chrétienneté, où la civilisation est déjà assez avancée pour rendre nécessaire l'union antinomienne, des hommes supérieurs peuvent former entre eux cette union sacrée, sans qu'il soit nécessaire qu'ils se mettent d'avance en relation avec d'autres unions pareilles, qui se formeraient dans d'autres parties du monde civilisé, parce que les buts et les moyens de cette nouvelle communauté spirituelle des hommes demeurent partout et demeureront éternellement tels que les dévoile aujourd'hui le messianisme.

Ainsi, pour ce qui concerne d'abord les buts de l'union antinomienne, ils se trouvent déjà fixés positivement aux articles 17, 18, 19 et 20 du programme de cette union, qui est annexé au prospectus du messianisme. Et ces buts reçoivent actuellement, par tout ce qui a été dit dans ce prodrome, non-seulement une signification plus précise, mais surtout une fondation immuable. — Bien plus, ces buts de l'union antinomienne s'agrandissent ici de toute la hauteur des deux majestueux problèmes, du vrai absolu et du bien absolu, auxquels cette union doit conduire l'humanité; et ils se revêtent en outre de toute la dignité de la philosophie absolue, et de toute la sainteté de la religion absolue, de ces deux attributions du messianisme qui doivent donner la solution de ces grands problèmes, et dont la même union devient désormais la gardienne sacrée.

Pour ce qui concerne ensuite les moyens par lesquels l'union antinomienne doit atteindre ses buts, ce que nous venons de dévoiler, dans ce prodrome du messianisme, concernant les destinées de l'espèce humaine, offre déjà complètement tout ce qui est nécessaire pour que cette union puisse, avec sûreté, parvenir à ses fins augustes. Quand même, comme nous l'avons déjà remarqué plus haut, la présente doctrine du messianisme ne devrait plus recevoir aucun développement ultérieur, il est manifeste que ce que nous en avons dit dans ce prodrome, suffit pour fixer, d'une manière infaillible, la marche de l'humanité, et spécialement sa DIRECTION POSITIVE vers l'accomplissement de ses destinées absolues; direction qui est l'objet principal de l'union antinomienne.

Pour préciser tout-à-fait cette direction positive de l'espèce humaine, dans le développement respectif et accompli des deux partis sociaux, il ne reste ici qu'à fixer, d'une part, le caractère de la philosophie absolue, qui deviendra ainsi la législatrice nouvelle du parti libéral de la cognition, et de l'autre part, le caractère de la religion absolue, qui deviendra de même la nouvelle législatrice du parti illibéral du sentiment. — Or, d'après ce que nous avons reconnu plus haut concernant les objets respectifs de ces deux attributions du messianisme, il est évident, d'une part, que la philosophie absolue, qui embrasse, comme préparation, tous les progrès philosophiques depuis la réforme de Kant, destinée à opérer la fondation de la réalité, s'appliquera principalement à LIBÉRER la raison de l'homme de ses entraves terrestres, pour le conduire au développement de sa spontanéité créatrice; et, de l'autre part, que la religion absolue, qui embrassera également, comme préparation, tous les progrès religieux après la réforme actuelle du christianisme, destinée à opérer la fondation de la moralité, s'appliquera principalement à ATTRIBUER à la morale une finalité rationnelle, pour faciliter à l'homme ce développement de la spontanéité créatrice de sa raison. Ainsi, le caractère distinctif de la philosophie absolue, de cette première attribution du messianisme, est ostensiblement un *caractère négatif*, consistant à faire dépasser à la raison humaine toute réalité temporelle, toute CHOSE (χρῆμα) CRÉÉE; et comme tel, ce caractère négatif peut être désigné du nom d'ACHRÉMATISME. Au contraire, le caractère distinctif de la religion absolue, de cette deuxième attribution du messianisme, est ostensiblement un *caractère positif*, consistant à faire attacher à la morale une finalité réelle, donnée par la révélation du christianisme, mais reconnue et avouée par la RAISON DE L'HOMME; et comme tel, ce caractère positif peut être désigné du nom de SÉHÉLIANISME, en prenant ici le mot שכל (raison) dans la langue hébraïque ou sacrée.

Ce sont donc ces deux caractères du messianisme, philosophique et religieux, que l'union antinomienne doit adopter, comme deux drapeaux, pour conduire respectivement les deux partis sociaux vers l'accomplissement commun des destinées de l'humanité. — Ainsi, pour fixer la direction positive du parti libéral de la cognition ou de l'expérience, dont la philosophie est la législatrice actuelle, l'union antinomienne doit faire substituer le caractère absolu d'ACHRÉMATISME aux deux caractères temporels et opposés, qui se développent aujourd'hui dans la philosophie, et qui sont notoirement, d'une part, LE DOGMATISME, dans l'aberration de la philosophie rationnelle ou spiritualiste, et de l'autre part, L'EMPIRISME, dans l'aberration de la philosophie expérimentale ou matérialiste; et cela pour amener universellement la philosophie au caractère transcendantal du CRITICISME DE KANT, afin d'opérer la fondation de la réalité, et d'arriver par là à établir définitivement le problème du VRAI ABSOLU ou de la DÉCOUVERTE DE LA VÉRITÉ. De même, pour fixer la direction positive du parti illibéral du sentiment ou de la révélation, dont la religion est la législatrice actuelle, l'union antinomienne doit faire substituer le caractère absolu de SÉHÉLIANISME aux deux caractères temporels et opposés, qui se développent aussi dans la religion, et qui sont notoirement, d'une part, LE PROTESTANTISME, dans l'aberration de la religion active ou pratique, et de l'autre part, LE MYSTICISME dans l'aberration de la religion passive ou contemplative ; et cela pour amener universellement la religion au caractère transcendantal d'un FINALISME RATIONNEL, afin d'opérer la fondation de la moralité, et d'arriver par là à établir définitivement le problème du BIEN ABSOLU ou de L'OBTENTION DE L'IMMORTALITÉ. — Toutefois, l'union antinomienne ne doit pas perdre de vue que, dans cette direction positive de l'espèce humaine, elle doit repousser surtout, d'une part, l'empirisme dans la philosophie, et de l'autre, le mysticisme dans la religion, en n'oubliant pas que ces deux caractères d'aberration dans l'homme, d'après l'origine que nous leur avons reconnue, accusent ouvertement une subordination totale de la raison humaine à notre existence physique ou terrestre, et par conséquent une extinction complète de toute spontanéité créatrice chez l'homme, et présagent ainsi, avec une effrayante certitude, une inévitable ruine de l'humanité. Aussi, est-ce précisément dans cette espèce d'unité entre la philosophie et la religion, ou plutôt entre la pseudo-philosophie et la pseudo-religion, résultant de cette dégradation complète de la raison humaine, et par conséquent de la cessation de toute philosophie et de toute religion, que les sectes mystiques chercheront, et cherchent déjà, sous le nom d'union ou de conciliation des intérêts des deux partis sociaux, à confondre, dans des vues sataniques, les élémens hétérogènes de ces partis, le vrai et le bien, pour empêcher le développement absolu de ces élémens primordiaux, duquel, comme nous le savons actuellement, dépend le salut de l'humanité (*).

Mais, dans cette direction positive de l'espèce humaine, l'union antinomienne ne doit employer aucun autre moyen que la libre discussion publique de ces hautes considérations, philosophiques et religieuses, ainsi qu'il a déjà été arrêté à l'article 17 de son programme. Pour ne pas tomber dans les abus des associations, secrètes ou publiques, cette union doit s'abstenir de toute influence matérielle, directe ou indirecte, dans les affaires sociales, surtout dans les relations politiques et religieuses. Elle doit, au contraire, empêcher cette influence de la part de toutes autres associations, et elle ne saurait le faire,

---

(*) Après avoir ici éclairé les hommes sur cette prétendue unité entre la pseudo-philosophie et la pseudo-religion, ou entre cette dégénération complète de l'empirisme et du mysticisme, où cessent toute philosophie et toute religion, et où il n'existe plus que l'unité du néant, il est manifeste que la prétention ultérieure d'établir cette unité, chez les hommes qui annoncent vouloir ainsi concilier les deux partis sociaux dans leur dernière dégradation, prouverait incontestablement, non pas l'existence d'une simple ERREUR, mais la présence effective de la TENDANCE INFERNALE que nous venons de signaler. On aura donc, par là, un critérium immanquable pour reconnaître l'existence de cette tendance infernale. Et ce critérium deviendra d'autant plus positif que l'on verra que cette prétention de concilier les intérêts de l'humanité est accompagnée des mots de *sympathie, d'amour, d'alliance*, de tout ce langage sentimental des sectes mystiques, par lequel elles cherchent à établir un LIEN FACTICE et à suppléer ainsi au manque d'une véritable UNITÉ INTELLECTUELLE.

d'une manière efficace, sans donner elle-même l'exemple du respect qui est dû inconditionnellement aux institutions sociales. Ainsi, elle doit, d'une part, s'efforcer de paralyser l'effet de ces vociférations démagogiques et de ces trames clubistes, par lesquelles, au nom de la liberté, on veut aujourd'hui bouleverser l'ordre politique en Europe; et elle y parviendra, avec facilité, en montrant que les hommes qui, dans cette infâme propagande du désordre, se produisent ainsi sous l'égide de la philosophie, sont, non-seulement étrangers tout-à-fait aux lumières européennes, mais de plus frappés d'une espèce d'imbécilité philosophique, par laquelle, comme le prouve une expérience de près d'un demi-siècle, ils sont rendus incapables de comprendre ni même de respecter les hautes productions de la philosophie, ces productions qui, au centre de l'Europe, dans la vaste Germanie, font la gloire de la civilisation moderne, et demandent aujourd'hui toute autre chose qu'un sauvage déréglement politique de l'homme. Elle doit, de l'autre part, s'efforcer d'arrêter les excès de ce sauvage déréglement dans l'extinction de tout sentiment religieux, qui se manifeste, avec un stupide orgueil, tout-à-la-fois, et par un mépris aveugle des choses sacrées, et par une prétention ignare de former de nouvelles religions; et elle y parviendra, avec tout autant de facilité, en montrant que, d'après les vérités que le messianisme dévoile ici au monde, vérités absolues et irréfragables, il n'y a plus que l'homme dégradé au dernier échelon de l'abrutissement intellectuel, où il ne se doute même plus qu'il est un être raisonnable, appelé à de hautes destinées, qui, en se plaçant ainsi en dehors de toute dignité morale et par conséquent de tout droit, peut encore refuser aujourd'hui de fléchir son genou devant la religion, devant le saint christianisme, institué pour accomplir maintenant les destinées de l'espèce humaine.

DERNIÈRE PARTIE.

GARANTIE SCIENTIFIQUE DU MESSIANISME.

Connaissant l'inertie ou plutôt la résistance de nos contemporains contre tout ce qui concerne la réalité absolue de l'homme, et sachant d'ailleurs que cette disposition leur vient surtout de l'échelon où se trouve aujourd'hui le développement de l'humanité, nous ne voulûmes leur parler de vérités éternelles ou de philosophie absolue, qu'après avoir d'abord attiré leur attention sur ces vérités supérieures, par des résultats scientifiques majeurs, qu'ils étaient à même d'apprécier et qu'ils auraient en vain cherché à expliquer autrement que par le concours de moyens absolus. Ainsi, considérant l'imposante grandeur des mathématiques et l'extrême imperfection où elles se trouvaient encore, nous nous proposâmes d'opérer d'abord la réforme de ces sciences, en les ramenant, par les procédés de la philosophie absolue, à une seule loi universelle, sans dire rien du moyen que nous devions ainsi employer pour l'exécution d'une entreprise si inconcevable dans l'état actuel des sciences. Dix années de travaux étaient nécessaires pour accomplir dignement cette tâche préalable, avant même d'aborder la publication de ces résultats mathématiques, publication qui demandait dix autres années; et c'est avec autant de plaisir que de devoir que l'auteur du messianisme se livra en silence à cette entreprise difficile, en l'exécutant toute entière loin des applaudissemens des hommes. Bien plus, il sacrifia tout au bien de l'humanité, et cacha même, pendant quinze ans, ses nouvelles vues philosophiques, au point que lorsqu'il commença à publier ses travaux mathématiques, il se prévalut experasément de la philosophie critique de Kant, qui lui suffisait pour ses considérations provisoires, en laissant supposer que c'est de cette philosophie critique qu'il tirait tous ses résultats.

Une autre considération, non moins grave, nous détermina à accomplir ainsi préalablement, par l'application des principes absolus du messianisme, la réforme définitive des mathématiques. — Nous savions, comme résultat de cette infaillible doctrine, que les sciences mathématiques forment un savoir intermédiaire entre celui des sciences proprement dites et celui de la philosophie, et que, par l'évidence caractéristique qui leur est attachée, les mathématiques offrent un modèle pour le développement du savoir humain tout entier. En effet, et c'est une chose dont on ne s'est pas encore douté, le savoir de l'homme, dans ses grandes déterminations systématiques, telles qu'elles forment respectivement les diverses sciences et même la philosophie, constitue des branches distinctes de réalité, qui se développent toutes suivant la même loi universelle d'après laquelle s'engendrent toutes les autres réalités de l'univers; et alors, le savoir mathématique, qui, par une concession providentielle, est déjà doué de L'ÉVIDENCE, d'une espèce de certitude absolue, doit, dans son établissement, garanti par cette évidence caractéristique et opéré par cette loi universelle de la création des réalités, offrir un modèle assuré pour le développement correspondant de toutes les autres branches du savoir humain.

Mais, pour mieux concevoir cette haute prérogative des sciences mathématiques, il faut bien comprendre, non-seulement cette espèce de certitude absolue, l'évidence, qui les caractérise, mais surtout cette loi universelle qui préside à la création de toutes les réalités de l'univers. Il faut, en effet, d'après le Ve problème messianique, reconnaître la nécessité d'une loi uniforme pour la création de toute réalité, parce que, sans une pareille loi, aucune unité ne serait concevable dans les diverses réalités qui composent l'univers, ou plutôt, sans une loi créatrice, la réalité elle-même ne saurait subsister. Comme telle, cette loi, qui préside à la génération de toutes les réalités, et qui forme ainsi manifestement la LOI DE CRÉATION, est précisément ce qui détermine l'essence même de tout ce qui existe dans l'univers; et par conséquent, c'est de la découverte de cette auguste loi, dont l'homme n'a pu concevoir l'idée jusqu'à ce jour, que dépend l'établissement péremptoire du savoir humain. — Or, suivant ces vues absolues, les différentes branches de notre savoir, qui forment respectivement les diverses sciences et la philosophie, doivent toutes, comme autant de réalités distinctes de l'univers, être constituées identiquement par cette unique loi de création; et alors, cette constitution absolue d'une branche quelconque, scientifique, philosophique, ou même théologique, pourvu qu'elle présente le système accompli et développé par la loi de création, offrira nécessairement un modèle pour la constitution pareille de toutes les autres branches de notre savoir. Mais, avant que le messianisme ne découvre *in abstracto* cette majestueuse loi, les diverses sciences, en procédant *in concreto* à leur constitution, sur cette voie créatrice qui leur demeure inconnue, ne peuvent naturellement y réussir, les unes avant les autres, que dans le degré de la certitude qui est attachée à leurs résultats respectifs. Ainsi, les sciences mathématiques, étant exclusivement douées d'une certitude absolue, doivent parvenir les premières à leur constitution inconditionnelle, et doivent *alors*, par cette réalisation *in concreto* de la loi de création, offrir le modèle pour le développement de toutes les autres branches du savoir humain.

Cette prérogative des sciences mathématiques, qui, par un don de la providence, manifesté dans leur certitude absolue, les constitue précurseurs et guides de l'homme dans le développement de son savoir, et par conséquent dans la création de sa raison, cette haute prérogative, disons-nous, était manifestement une circonstance trop grave pour que, suivant les vues de la providence, nous n'ayons cherché, avant de produire la philosophie absolue elle-même, à accomplir et à offrir ainsi aux hommes ce modèle assuré que leur présentent les sciences mathématiques. Il fallait, pour cela, en se servant de la loi de création, telle que le messianisme nous l'avait dévoilée *in abstracto*, appliquer cette loi toute-puissante à la réforme des sciences mathématiques, en les débarrassant d'abord de toutes les considérations étrangères à leur constitution absolue, considérations dont elles sont encombrées dans leur état actuel de dégénération universelle, et en les portant ensuite à leur accomplissement absolu, tel qu'elles le reçoivent du développement complet de la loi de création. Il fallait donc, suivant le sens de cette auguste loi, attacher une signification absolue aux résultats qu'on a déjà obtenus dans ces sciences; il fallait de plus, en nous guidant par cette loi sublime, accomplir les mathématiques par la découverte de toutes les lois fondamentales qui leur manquaient encore; et il fallait surtout, en satisfaisant à la condition essentielle de cette loi universelle, découvrir le principe absolu de la génération des vérités mathématiques, c'est-à-dire, leur LOI SUPRÊME, de laquelle découlent toutes les lois et, par conséquent, toutes les vérités des sciences mathématiques.

C'était donc cette grande réforme scientifique qu'il fallait opérer avant d'aborder la production publique du messianisme, afin de préparer par là l'établissement péremptoire de cette doctrine infaillible. En effet, comme nous l'avons remarqué plus haut, c'est par les résultats majeurs de cette réforme définitive des mathématiques que nous devions d'abord attirer l'attention de nos contemporains sur les vérités absolues, par lesquelles seules de si grands résultats pouvaient être obtenus instantanément; et, comme nous venons de le remarquer, c'est par cette constitution absolue des sciences mathématiques que nous devions ensuite offrir, tout à la fois, et la réalisation en quelque sorte corporelle de la loi de création, formant l'instrument tout-puissant du messianisme, et le modèle assuré pour la réforme pareille de toutes les autres sciences et de la philosophie elle-même. — C'est aussi cette difficile réforme des mathématiques que nous avons accomplie et déposée déjà, pour tout ce qui concerne les points fondamentaux, dans les ouvrages que nous avons publiés avant d'aborder la production du messianisme. — Nous allons le prouver dans l'aperçu suivant de cette réforme des mathématiques.

Pendant des milliers d'années, comme l'atteste l'antique Égypte, des efforts assez majeurs, tendant à développer la certitude humaine, cet attribut caractéristique de la science du géomètre, sont demeurés infructueux. Un très-petit nombre de vérités mathématiques était connu dans cette haute antiquité; et ce qui malheureusement leur ôte tout le prix, c'est que cette connaissance n'était encore que CONCRÈTE, c'est-à-dire, qu'elle était purement déduite des objets matériels où elle se trouvait réalisée. Thalès paraît être le premier mortel qui ait conçu des vérités mathématiques ABSTRAITES; et l'hécatombe de Pythagore prouve assez quelle en était, dès-lors, l'importance parmi les hommes.

Néanmoins, d'autres milliers d'années furent nécessaires pour remplir l'intervalle depuis Thalès jusqu'à Newton. — En Grèce et dans l'école d'Alexandrie la vraie science s'avançait très-lentement : les propositions PARTICULIÈRES, spécialement celles de la géométrie, reçurent seules quelques développemens. Euclide, Archimède et Appollonius firent cependant des prodiges. Diophante même put à peine s'élever au dessus de la sphère de ces simples faits particuliers. — Ce ne fut que depuis la renaissance des lettres, après l'invasion des barbares et la gnosimachie de Rome, que commença proprement la considération GÉNÉRALE, l'algèbre, et par conséquent la haute considération algorithmique de la science du géomètre. Mais, dans cette première ébauche de la puissance du savoir humain, toutes les recherches furent encore isolées. Les vérités mathématiques étaient en quelque sorte INDIVIDUELLES : Cardan, Bombelli, Fermat, Descartes, et même Képler, Cavalieri, et Wallis, quoique ces derniers eussent déjà introduit l'idée de l'infini, ne faisaient, pour ainsi dire, qu'accumuler des matériaux pour une œuvre systématique à venir.

On s'était porté, d'abord, du CONCRET à L'ABSTRAIT, en passant avec l'humanité de la première à la seconde périodes; ensuite, du PARTICULIER au GÉNÉRAL, en passant de même de la seconde à la troisième périodes. Il restait à s'élever de l'INDIVIDUEL à l'UNIVERSEL, pour créer en quelque sorte la véritable science. Et c'est là l'immense bienfait que nous devons à Newton et à Leibnitz, bienfait qui, en mathématiques, correspond à celui de la transition de la troisième à la quatrième périodes de l'espèce humaine.

Depuis cette époque décisive, il ne s'agissait plus de la simple RELATION des quantités, plus ou moins générale, mais bien de leur GÉNÉRATION elle-même. Et sous cet aspect, les vérités mathématiques ne pouvaient plus être envisagées autrement que d'une manière UNIVERSELLE; car, la génération des quantités, comme celle de tous les objets de notre savoir, doit être soumise à des lois universelles, et originairement à la loi de création elle-même. On conçoit ainsi que, dès-lors, la science s'éleva à considérer les quantités comme de véritables réalités données à la raison, et que, par cette élévation, elle fut enfin, du moins jusqu'à un certain point, constituée positivement.

Ce fut alors que, s'apercevant des lois que suivent, dans leur génération, les quantités qui accompagnent et règlent les substances, l'homme put facilement devenir maître de ces dernières. Tout fut soumis au calcul; et les progrès immenses de la haute et véritable physique ne datent que de cette époque, où tout subit l'application des mathématiques.

Il fallait donc découvrir ces modes ou ces lois de la génération universelle des quantités. — C'était là la tendance scientifique donnée aux esprits par la découverte du calcul différentiel.

Déjà, Newton lui-même, suivant cette tendance majeure, qui s'était manifestée depuis Barrow, découvrit, dans cette vue, son fameux BINOME. Et Leibnitz, pénétré également de cette impulsion nouvelle, signala la grande importance des SÉRIES. — Mais, on manquait toujours d'une véritable loi pour cette universelle génération algorithmique, dont on sentait déjà si vivement la haute vérité.

Ici, Taylor vint enfin associer son nom à ceux de Newton et de Leibnitz, par la découverte de son fécond théorème, offrant la première loi universelle des mathématiques, que les hommes aient encore connue. — C'est là proprement où commencent les mathématiques modernes.

Munis de ce puissant instrument, les Bernoulli, et surtout Euler, exploitèrent des régions inabordables jusqu'alors. Cet homme supérieur, Euler, fixa, pour ainsi dire, à lui seul, toute la sphère des mathématiques modernes. Aussi loin que pouvait s'étendre l'application du théorème de Taylor, directement ou indirectement, aussi loin Euler a dévoilé la vérité. — On ne sait trop ce que l'on devrait desirer le plus, qu'Euler eût employé son génie à accomplir si parfaitement l'édifice d'un autre, ou qu'il l'eût employé à poser les fondemens à un édifice plus vaste encore. Toujours est-il certain que, commençant à sentir l'insuffisance du théorème de Taylor, ce grand géomètre préluda à un nouveau mode de génération universelle, dont nous parlerons dans l'instant.

Cette insuffisance se faisait surtout sentir dans la résolution des équations infinies, ou dans ce que les géomètres nommaient *retour des suites*. — Pour y suppléer, Lagrange, éclairé par ces travaux de l'Europe savante, fit la découverte de son fameux théorème, qui, à cet égard, complète le système de Taylor, et qui, à d'autres égards, est déjà supérieur au théorème de ce dernier, lequel ne se trouve plus être qu'un cas particulier du théorème de Lagrange.

Ce fut ainsi que se développa insensiblement ce majestueux système de savoir, qui, sans contredit, est un des plus beaux titres de l'humanité, comme il est un de ses plus puissans instrumens. — Mais, ce qu'il y a ici d'admirable, c'est que, faisant abstraction de Newton et de Leibnitz, fondateurs de ce système, on trouve que les derniers résultats se concentrent dans trois points principaux : 1° le théorème de Taylor, comme principe de la génération des quantités, lorsqu'elles sont données *immédiatement* ou par leurs fonctions; 2° le théorème de Lagrange, comme principe de la génération des quantités, lorsqu'elles sont données *médiatement* ou par leurs équations; et enfin 3° la réalisation de ce système par Euler, et la *transition* opérée ainsi de l'un à l'autre de ces deux théorèmes, par un lien téléologique.

C'est là effectivement à quoi se réduit cet immense recueil de savoir mathématique qui est la propriété présente de l'humanité. — Quiconque méconnaît cette réduction précise et générale, ne saurait se flatter, ce nous semble, d'avoir approfondi la science dont nous parlons. En effet, tout s'y concentre ainsi, d'une manière explicite, ou du moins d'une manière implicite : il n'existe aucune proposition mathématique connue qu'on ne puisse ramener à l'un des trois points que nous venons de signaler.

Mais, pour mieux apprécier cet état présent des mathématiques, il faut, en remontant ainsi aux principes, découvrir le principe unique qui doit nécessairement servir de base à ce système. Nous pouvons nous borner ici à indiquer ce principe; et pour cela, nous observerons que l'ensemble des mathématiques modernes, depuis Leibnitz et Newton, consiste dans la génération universelle des quantités par le seul algorithme de la SOMMATION INDÉFINIE, qui constitue les SÉRIES.

« Tout ce que donne le calcul différentiel, ce grand instrument de la période moderne des mathématiques, ne sert en effet que pour arriver à cette « universelle génération algorithmique par *sommation indéfinie* : car, le très-« petit nombre d'intégrations théoriques, qu'on a pu obtenir, mérite à peine « d'être mentionné; et l'unique moyen des géomètres modernes, pour arriver, « dans tous les cas, à la connaissance des quantités, consiste notoirement dans « l'emploi, direct ou indirect, de cet algorithme des *séries* (*). »

Cette détermination précise du véritable caractère des mathématiques modernes, va nous servir à dévoiler, tout à la fois, et la cause de l'insuffisance

(*) Philosophie de la Technie, 2e section, page 655.

de cet état de la science, et la perspective d'un état futur, plus accompli, et peut-être même absolu. — Mais, avant de rechercher les causes, voyons les effets.

Il est notoire que, malgré cet appareil immense que présentent les mathématiques modernes, et qui paraît les rendre toutes-puissantes pour le savoir de l'homme, elles sont malheureusement insuffisantes, non-seulement pour répondre aux hautes demandes de sa raison, mais de plus pour satisfaire aux simples besoins de sa vie physique. En effet, tous les grands problèmes, ceux précisément qui intéressent nos grandes relations industrielles, demeurent non résolus; et, pour n'en citer ici qu'un seul, celui de la mécanique céleste, on dirait qu'il est là tout exprès pour attester cette impuissance des mathématiques modernes.

La cause de cette insuffisance est actuellement facile à assigner. — On conçoit en effet que, si la science en est encore au simple algorithme universel de la sommation indéfinie, elle ne peut atteindre à toutes les régions du savoir. — Il en est ici de la science moderne, pour sa génération universelle, comme il en était jadis des anciennes mathématiques, lorsque, pour la génération individuelle des quantités, on n'avait encore que l'addition et la soustraction. Il était alors impossible d'évaluer, avec cette seule sommation finie, les quantités irrationnelles et les quantités transcendantes, par exemple, le rapport de la diagonale au côté du carré, ou le rapport du diamètre à la circonférence du cercle. Et il est également impossible aujourd'hui d'évaluer, avec la seule sommation indéfinie, les quantités supérieures qui règlent les phénomènes de la nature.

Pour bien concevoir cette cause de l'insuffisance des mathématiques modernes, il faut comprendre qu'il existe, pour la raison de l'homme, plusieurs algorithmes distincts et indépendans. Le fait le prouve déjà par l'impossibilité que nous venons de remarquer dans l'évaluation des nombres irrationnels au moyen de la simple sommation finie, constituant l'addition et la soustraction. Il fallait ici nécessairement, pour arriver à la détermination de ces irrationnelles, introduire un algorithme nouveau et essentiellement distinct, celui de la graduation, ou des puissances et racines. Il se pourrait donc, à n'en juger que par l'analogie, que, dans la génération universelle des quantités, ou dans ce développement de la science moderne, l'algorithme de la sommation indéfinie, qui correspond manifestement à la simple addition et soustraction dans l'ancienne génération individuelle des quantités, c'est-à-dire, à ce premier pas des anciennes mathématiques, il se pourrait, disons-nous, que cet algorithme moderne de la sommation indéfinie, constituant les séries, qui est encore le seul instrument des mathématiques modernes, ne fût qu'une des diverses parties composantes d'un système d'algorithmes universels, qui, dans leur ensemble, embrassent toutes les générations possibles des quantités, et forment ainsi le SYSTÈME ABSOLU DE LA SCIENCE.

Une nouvelle réforme des mathématiques devint donc indispensable. — Il fallait quitter le point de vue purement RELATIF à la sommation indéfinie, où l'on s'était d'abord établi, et dont l'horizon n'offrait qu'une étendue bornée; et il fallait se porter enfin au point de vue ABSOLU de la science, où l'on pourrait découvrir toute son immensité. — C'était là manifestement le dernier, mais aussi le plus difficile progrès qu'il restait à faire aux mathématiques. On avait déjà parcouru tous les degrés de cette grande science : on avait passé du concret à l'abstrait, du particulier au général, et enfin de l'individuel à l'universel. Il ne restait plus qu'un seul pas à faire, celui du RELATIF à L'ABSOLU, pour passer avec l'humanité de l'ère relative ou physique à l'ère absolue ou rationnelle, en sautant ainsi par dessus la cinquième période toute entière; mais, ce dernier pas était immense, et en quelque sorte hors de proportion avec l'état actuel du savoir de l'humanité.

Néanmoins, le besoin de cette grande réforme fut senti généralement. Il le fut surtout par les géomètres du premier ordre, qui, occupés de la solution des grands problèmes, étaient plus à même de reconnaître cette insuffisance des mathématiques modernes, fondées uniquement sur l'algorithme des séries. En effet, presque partout ils aboutissaient à des séries divergentes, entièrement impropres à la solution des problèmes; et ils ne pouvaient en sortir ou les éviter que par des artifices, qui presque toujours portaient atteinte à la généralité des problèmes. Cette roideur ou cette inflexibilité des séries leur montrait ainsi, bien manifestement, l'incapacité de cet algorithme pour la génération des quantités supérieures auxquelles ils voulaient l'appliquer.

Euler fut le premier qui, sentant vivement cette insuffisance, essaya de créer un nouvel instrument universel. Il produisit ainsi ses FRACTIONS-CONTINUES (*), lesquelles, quoique dépourvues encore de lois, ne laissèrent pas, entre ses mains et celles de Lambert et de Lagrange, de changer, pour ainsi dire, la face d'une grande partie des mathématiques. Mais, ce qu'il faut ici remarquer surtout, c'est la tendance d'Euler vers la réforme que nous venons de signaler, qu'il manifeste assez clairement, à l'occasion de ces fractions-continues, en disant : « Hæc transformatio eo magis est notatu digna, quod tutissimam ac fortasse unicam nobis *viam aperit*, valorem seriei divergentis vero proxime saltem determinandi » (**).

Après Euler, Laplace, génie non moins supérieur, qui avait déjà donné la démonstration du théorème de Lagrange, et qui, engagé dès-lors dans ses recherches sur la mécanique céleste, sentait peut-être plus vivement encore le besoin d'une réforme, créa un troisième instrument universel, qu'il produisit sous le nom de calcul des FONCTIONS GÉNÉRATRICES. Les résultats qu'il en a

(*) Il ne faut pas confondre ces fractions-continues d'Euler avec celles de lord Brounker, lesquelles dernières ne sont que des transformations identiques des séries.

(**) *Nova Acta Acad. Petrop. Tom. II.*

tirés, ne le cèdent guère à ceux que nous venons de nommer. Mais encore ici, ce qu'il faut le plus remarquer, c'est la tendance bien prononcée de ce géomètre vers un nouvel état des mathématiques, et surtout vers un état en quelque sorte absolu de la science, régi par un seul principe; tendance que cet habile géomètre manifeste avec assez de clarté en disant : « On ne peut douter que, dans cette branche de l'analyse, ... il n'y ait une manière générale et simple de l'envisager » (*).

Enfin, presque tous les géomètres indistinctement, pénétrés du même besoin de la réforme dont il s'agit, s'adonnèrent à des DÉVELOPPEMENS DES FONCTIONS, supérieurs à ceux qu'offraient, d'une part, le théorème de Taylor, et de l'autre, le théorème de Lagrange, ces deux instrumens universels de la science, dont on avait presque généralement reconnu l'insuffisance. Ici, Burmann, Kramp, Paoli, et surtout Arbogast, s'avancèrent déjà assez loin au de-là des théorèmes que nous venons de nommer. Le dernier de ces géomètres, Arbogast, introduisit même, sous le nom de CALCUL DES DÉRIVATIONS, un nouvel instrument ou procédé pour ces développemens des fonctions algorithmiques.

Bien plus, cette tendance vers des algorithmes universels, qui fussent supérieurs à celui de Taylor, concentrée enfin dans le développement des fonctions, dégénéra en abus. On voulait ramener toute la science à ces simples dérivations, en cherchant, par ce moyen, à remplacer le calcul différentiel, et à extirper ainsi jusqu'à l'idée de l'infini, cette idée fondamentale des sciences mathématiques. Et cet abus, provoqué surtout par la domination philosophique des recherches purement expérimentales, fut constaté ouvertement par le premier des géomètres de cette époque, par Lagrange lui-même, dans son fameux calcul des FONCTIONS ANALYTIQUES, qui obtint le premier des prix décennaux. — Il s'établit ainsi, à cette époque, correspondant à la cinquième période de l'humanité, une antinomie mathématique entre les idées du fini et de l'infini, qui arrêta tout progrès ultérieur.

Tel fut l'état précaire des sciences mathématiques, lorsque nous les abordâmes avec la philosophie absolue, pour y opérer, par sa puissante assistance, la réforme dont elles avaient besoin, et dont les géomètres étaient loin de pouvoir connaître les grandes conditions. — En effet, nous reconnûmes que, pour arriver au terme auquel on visait alors, il fallait, avant tout, approfondir les principes eux-mêmes de cette science supérieure, qui, jusqu'à ce jour, avait servi de prototype à toutes les autres; et que, pour accomplir cette grande réforme en question, il ne s'agissait de rien moins que d'établir la LOI ABSOLUE des mathématiques, afin d'y soumettre toutes leurs lois secondaires, qui ont ainsi régi la certitude parmi les hommes. — La tâche devenait en quelque sorte infinie : il fallait cette fois-ci, pour avancer les mathéma-

(*) Mémoires de l'Académie des sciences de Paris, pour 1779.

tiques, et surtout pour les porter à leur terme final, qui s'était déjà si fortement révélé aux hommes, il fallait, disons-nous, sortir des mathématiques, et chercher, hors de cette science par excellence, un appui nouveau, dans un savoir supérieur dont la certitude absolue pût devenir, à son tour, la base de la certitude mathématique.

Heureusement, la philosophie absolue, qui offrait ce savoir supérieur, était plus que suffisante pour remplir cette tâche immense. — Le principe de l'univers lui était dévoilé; et, avec ce principe absolu, elle put facilement découvrir la loi de création, devant laquelle nulle vérité, quelque sublime qu'elle soit, ne peut demeurer inconnue, parce que c'est précisément cette auguste loi qui crée elle-même toutes les vérités. Aussi, comme nous l'avons déjà remarqué plus haut, est-ce cette loi de création qui sert de fondement à la constitution absolue de toutes les sciences en général, lesquelles, avant d'être établies expressément sur cette base immuable, n'offrent encore qu'un état provisoire. Nous pûmes donc, dans le développement des sciences mathématiques, en suivant la loi de création, aller assez loin pour trouver leurs fondemens péremptoires, dont nous venions de reconnaître l'indispensable nécessité pour opérer la grande réforme de ces sciences.

Établis sur une base pareille, il nous fut facile de découvrir, tout à la fois, et les divers principes mathématiques que nous cherchions, et ce terme final de la science, où se trouve son principe absolu, vers lequel les géomètres tendaient ouvertement depuis plusieurs années. Cette découverte fut même tellement facile, sous le point de vue absolue où nous nous étions placés, que nous n'y trouvons aucun mérite, et que, par conséquent, nous pouvons l'annoncer nous-mêmes, sans avoir besoin de nous entourer de ces précautions employées par une apparente ou véritable modestie.

Nous dirons donc, tout simplement, que les résultats de nos recherches furent, d'abord, non une nouvelle philosophie du géomètre, car il n'en existait encore aucune, mais la première et nécessairement la vraie PHILOSOPHIE DES MATHÉMATIQUES; ensuite, le système complet de la génération universelle des quantités, que nous nommons TECHNIE DES MATHÉMATIQUES; et enfin, le terme final de cette science, au delà duquel il ne reste plus rien à découvrir, c'est-à-dire, le principe absolu de la science, constituant la LOI SUPRÊME DES MATHÉMATIQUES.

Ces trois résultats, sur lesquels nous fondons la réforme de la science, sont déjà, du moins dans leurs parties majeures, produites dans nos ouvrages; et le public seul, sans doute, a le droit de prononcer ici. Mais, il nous reste au moins le droit de lui faciliter son jugement dans ce sujet entièrement nouveau, dont nous avons connu, avant lui, les élémens et leur liaison intime, d'autant plus que ces ouvrages n'ont pas encore reçu tous leurs développemens. — Nous allons le faire en peu de mots.

La philosophie des mathématiques, dont les traits principaux sont tracés dans l'ouvrage intitulé *Introduction à la philosophie des mathématiques*, offre une déduction à priori de tous les principes de la science, de toutes ses diverses branches, et des lois fondamentales qui les régissent. C'est avec la LOI DE CRÉATION elle-même qu'à été ainsi opéré cette génération philosophique de la science; et par conséquent, la constitution absolue qui en résulte pour les mathématiques, est aussi infaillible que cette éternelle loi créatrice de l'univers. — Mais, n'étant pas encore connue, la loi de création n'aurait pu être dignement appréciée alors, et il fallait, dans l'établissement de cette infaillible philosophie du géomètre, ne produire la loi créatrice qu'*in concreto*, c'est-à-dire, dans les résultats de cette constitution absolue de la science, en cachant encore soigneusement tout ce qui aurait pu décéler ce principe créateur des mathématiques. De-là vient que, dans son état actuel, notre philosophie des mathématiques n'offre pas encore sa haute garantie, l'évidence de son infaillibilité, qu'elle reçoit de la loi de création sur laquelle elle repose; et de-là vient aussi que, cachant son principe créateur, cette philosophie des mathématique ne laisse pas encore paraître toute la clarté qu'elle recèle dans son sein. Lorsque le messianisme aura dévoilé la loi de création, la philosophie des mathématiques qui l'a précédé, paraîtra dans son véritable jour : les géomètres y verront alors ce qu'ils ne peuvent encore y apercevoir aujourd'hui, c'est-à-dire, la CONSTITUTION ABSOLUE de leur science, offrant la réalisation en quelque sorte corporelle de la loi de création, et servant ainsi de modèle, non-seulement à la réforme définitive de toutes les autres sciences, mais de plus, au développement positif de toute les branches de la philosophie. — Nous devons donc prier les géomètres de différer leur jugement sur cette philosophie des mathématiques, qu'ils ne sauraient encore comprendre, jusqu'à ce que le messianisme, en faisant connaître la loi de création, déchire le voile qui la couvre actuellement; et, considérant que, dans cette philosophie, il ne s'agit que de la constitution de la science, et nullement de ses résultats, nous devons surtout prier les géomètres de ne pas confondre notre philosophie des mathématiques avec les résultats positifs que nous leur offrons ailleurs et que nous allons signaler.

Ces résultats positifs sont, à la vérité, le fruit de la philosophie dont nous venons de parler; mais, comme tels, ces résultats appartiennent proprement à la technie des mathématiques, laquelle, d'après ce que nous avons déjà remarqué, constitue la deuxième partie de la réforme que nous signalons. Or, dans notre *Philosophie de la Technie*, dont nous avons publié les deux premières et principales sections, et dont nous sommes prêts à publier la troisième et dernière, se trouvent contenus effectivement les résultats positifs que nous donnons à la science. — Nous avons déjà dit que la technie des mathématiques, étant fondée, par opposition à la théorie, sur une nouvelle et grande division scientifique, établie par la loi de création, a pour objet spécial la génération universelle des quantités, génération qui, depuis Newton et Leibnitz, caractérise les mathématiques modernes. Mais, c'est le système complet et absolu de cette universelle génération algorithmique que nous offons ici tout-à-coup. — L'algorithme des séries, avec lequel Taylor a ouvert cette nouvelle carrière, le théorème de Lagrange, les fractions-continues d'Euler, les fonctions-génératrices de Laplace, les dérivations d'Arbogast et de Kramp, etc, ne sont qu'autant de parties constituantes de ce système absolu, où ils reçoivent leur véritable signification et leurs lois fondamentales, qui étaient demeurées inconnues jusqu'à ce jour. Enfin, tous les autres algorithmes universels, dont on n'avait encore aucune idée, s'y trouvent également développés, et soumis à des lois invariables.

Ainsi, ce vaste domaine du savoir mathématique, où Leibnitz et Newton ont établi la science, et où tant de géomètres ont depuis cherché à l'étendre, sans pouvoir s'avancer loin de ses premières limites, se trouve tout entier au pouvoir de l'homme. — Toutes les diverses générations universelles des quantités sont connues ; et nul phénomène de la nature, réglé par des quantités, ne peut plus échapper à la raison humaine.

Mais, ces différens algorithmes universels devaient nécessairement avoir un lien commun, une unité systématique qui en fit un ensemble homogène. Et cette unité supérieure, de laquelle découlaient toutes ces diverses déterminations spéciales, ne pouvait naturellement être autre chose que le PRINCIPE ABSOLU de la science. C'est donc dans ce point unique que dût se trouver concentrée toute cette science infinie! — Et c'est ce point décisif que nous avons fixé dans notre LOI SUPRÊME DES MATHÉMATIQUES.

Cette loi, comme universelle, fait elle-même partie de la technie des mathématiques. Mais, comme principe et comme lien universel, elle en est, tout à la fois, et l'origine et le dernier terme. En effet, dans cette branche de notre savoir, tout dérive d'abord de cette loi ; et, dans ce même système, tout aboutit ensuite à cette seule loi. Et c'est dans cette réunion finale de tous les divers algorithmes élaborés que se trouve la MÉTHODE SUPRÊME des mathématiques, méthode que nous avons fixée à la fin de la première et de la seconde sections de notre Philosophie de la Technie.

C'est spécialement par l'application de cette méthode suprême que devient possible la résolution universelle de tous les problèmes, que nous venons de signaler. En effet, dans cette méthode, toutes les générations universelles des quantités sont, tour à tour, combinées et employées distinctement : il ne saurait donc y avoir aucun phénomène dans le monde qui, étant réglé par des quantités, ne fût pas soumis à cette méthode suprême. — Pour en donner une preuve positive, nous présenterons, à la fin de ce prodrome, un aperçu de ces grands résultats.

Quant à la dérivation de toutes les vérités mathématiques de la seule loi suprême, nous l'avons déjà démontrée par le fait, en déduisant nous-mêmes, de cette loi infinie, toutes ces diverses vérités, telles qu'elles sont déjà connues. Et pour donner ici immédiatement au moins une seule garantie irrécusable de nos différentes assertions concernant les mathématiques, nous dirons qu'avant la publication de nos ouvrages, ayant présenté à l'Institut de France, pour lui témoigner notre respect, un simple fragment de la loi suprême, ce corps savant ne put s'empêcher d'exprimer la surprise que lui fit éprouver cette dérivation uniforme et universelle de toute la science, procédant toujours et partout d'un seul principe.

Mais, nous aurions même tort de vouloir apporter cette garantie, comme décisive, pour ce qui concerne le pouvoir absolu de la loi universelle que nous avons donnée aux mathématiques. Les savans sauront de mieux en mieux apprécier la vérité de nos assertions, aujourd'hui surtout que nos ouvrages sont déjà publiés, et que cette dérivation universelle des mathématiques de la seule loi suprême, qui a causé la surprise de l'Institut de France, s'y trouve étendue, non seulement à toutes les vérités connues jusqu'à ce jour, mais à toutes celles qui, dans le domaine des mathématiques, sont abordables par la raison de l'homme.

En parlant de l'Institut de France, c'est ici l'apropos de dire quelques mots sur la véritable destination de nos ouvrages polémiques, qui nous ont occupés entre la publication de la Philosophie des Mathématiques et celle de la Philosophie de la Technie.

Nous avons déjà signalé plus haut l'abus dans lequel, par suite de la dernière tendance vers la réforme, qui devait conduire à l'antinomie mathématique, les géomètres étaient tombés, en voulant, par le moyen du développement des fonctions, remplacer l'idée de l'infini, pour se conformer à l'empirisme philosophique dominant, qui n'admettait de réalité que dans les bornes finies de l'expérience. Cet abus devint d'autant plus dangereux qu'un nom imposant était inscrit à la tête de ces fausses prétentions. Il fallait donc, avant d'aborder la technie des mathématiques, dont le véritable instrument est l'idée de l'infini, revendiquer à cette idée sublime sa faculté créatrice des mathématiques. Ce fut là l'unique motif de la *Réfutation de la Théorie des fonctions analytiques de Lagrange*. — Nous avons accompagné cette réfutation du témoignage de la sincère déférence que nous inspirait le grand géomètre qu'il fallait attaquer; et nous eûmes le plaisir de voir que, du moins cette fois, la vérité triompha de toutes les considérations.

Mais, ce nouvel aspect philosophique réveilla, sur le même sujet, les prétentions de Carnot. — Reconnaissant sans doute la fausseté de la théorie de Lagrange, ce géomètre, plus profond qu'heureux, crut qu'au moins sa propre métaphysique du calcul infinitésimal était à l'abri de toute atteinte. Dans cette opinion, pour défendre la tendance dominante, il reproduisit une deuxième édition de ses *Réflexions*. — Nous sentîmes donc la nécessité de revenir à la charge pour faire triompher, malgré les géomètres, cette idée créatrice qui vivifie leur science. Nous le fîmes dans la *Philosophie de l'Infini*, de manière à ce que toute prétention ultérieure à cet égard devînt insoutenable. Nous eûmes ainsi le plaisir, avant même que notre Technie des Mathématiques ne fût publiée, de voir remise dans ses droits cette féconde idée de l'infini, qu'on avait déjà chassée de toutes les écoles de France, et spécialement de sa belle école polytechnique.

Enfin, comme nous l'avons remarqué plus haut, parmi les différens géomètres, tendant vers la réforme de leur science, celui qui avait le mieux pressenti le véritable objet de cette réforme, consistant dans la recherche d'un principe absolu de la science, était l'ingénieux auteur du calcul des fonctions-génératrices. Et en effet, comme nous le voyons aujourd'hui dans notre CANON ALGORITHMIQUE (1ère section de la Philos. de la Technie), dont ces fonctions-génératrices ne sont qu'un cas particulier, le calcul de ces fonctions était plus proche du principe absolu de la science que ne l'était aucun autre des algorithmes universels qu'on avait trouvés. Malheureusement, Laplace, ou du moins ses sectateurs paraissaient considérer ce calcul des fonctions-génératrices comme étant déjà lui-même le principe absolu de la science. — Il fallait donc, pour lever tous les obstacles, redresser cette détermination trop étendue; et ce fut là le motif de la *Critique de la Théorie des fonctions-génératrices de Laplace*.

En terminant cette explication de nos travaux polémiques, nous devons prévenir expressément qu'il ne faut pas confondre la Réfutation de Lagrange avec la Critique de Laplace. — La première devait détruire une fausse doctrine; et la dernière ne devait que limiter la trop grande extension qu'on voulait donner à une doctrine vraie et pleine d'utilité.

Quant à la *Résolution générale des Équations*, que nous avons produite également entre la publication de la Philosophie des Mathématiques et celle de la Philosophie de la Technie, elle est proprement un résultat immédiat, non de cette technie de la science, mais de la philosophie elle-même des mathématiques, et par conséquent de la théorie de la science. Comme telle, cette résolution générale offre définitivement la décision théorique de ce grand problème, dont la solution a si long-temps occupé les géomètres. En effet, comme nous le prouverons en donnant la démonstration de cette résolution décisive, suivant que nos équations résultantes conduisent ou ne conduisent pas au but proposé, la solution du problème est absolument possible ou impossible dans les bornes théoriques où les géomètres conçoivent ce problème jusqu'à ce jour (*). —

(*) Nous ferons bientôt connaître l'aspect général de ce grand problème, et sa solution extrêmement simple, telle que notre philosophie des mathématiques la donne sous cet aspect général, qui est encore tout-à-fait hors des vues actuelles des géomètres. Dans nos *Canons de logarithmes* (1827), nous

Avant que cette démonstration ne soit donnée au public, nous consentons volontiers à suspendre ici toute prétentio . sur ce point.

Ainsi donc, en écartant, comme inconcevables encore aux géomètres, les hautes considérations de notre philosophie des mathématiques, et en ne nous tenant ici qu'aux seuls résultats positifs que, par l'organe de cette philosophie, nous avons déjà donnés à la science, nous pouvons, comme résumé de ce que nous venons de signaler à cet égard, arrêter les trois chefs décisifs que voici :

1° L'établissement péremptoire de la TECHNIE des mathématiques, comme opposée à la THÉORIE de ces sciences, et comme offrant la génération UNIVERSELLE des quantités, par opposition à leur génération INDIVIDUELLE, qui est l'objet de la simple théorie.

2° Le SYSTÈME COMPLET de tous les algorithmes universels, formant cette technie des mathématiques; et nommément, les DÉMARCATIONS respectives et les LOIS FONDAMENTALES de ces algorithmes universels.

3° La LOI SUPRÊME des mathématiques, constituant leur PRINCIPE ABSOLU, duquel dérive, en détail, toute la science, et au de-là duquel il n'existe plus rien en mathématiques.

Par le premier de ces chefs, nous avons introduit une grande division dans la science, et attaché ainsi une signification précise aux mathématiques modernes, qui étaient fondées secrètement sur cette division. Par le second de ces chefs, nous avons accompli ces mathématiques modernes, à peine commencées. Et, jusque-là, à proprement parler, il n'existait encore qu'un développement, et non une réforme de la science.

Mais, par le dernier de ces trois chefs, nous avons quitté tous les points de vue RELATIFS des mathématiques, et nous nous sommes enfin élevés à leur point de vue ABSOLU, où nous avons retrouvé toute la science dans la seule loi

$$Fx = A_0\Omega_0 + A_1\Omega_1 + A_2\Omega_2 + A_3\Omega_3 + \text{etc., etc.}$$

C'est dans cette loi suprême, dans cette concentration absolue de la science, qui nous met à même de nous passer de tout ce qui a été fait jusqu'à ce jour, parce que tout y est contenu; c'est là, dans ce point absolu, qui ne pourra plus être dépassé, que se trouve proprement la RÉFORME que nous introduisons dans les mathématiques. — La raison de l'homme demandera dorénavant que toutes les vérités et tous les procédés mathématiques soient déduits de cette seule loi : cette raison éclairée ne sera satisfaite, et aucune question mathéma-

---

avons déjà indiqué un acheminement vers cette résolution supérieure, en y donnant, d'une manière indépendante des séries, les formules principales pour la résolution des équations du cinquième degré, par le moyen de la GÉNÉRATION NEUTRE, qui, d'après la 2e section de la *Philosophie de la Technie*, est une transition de l'état actuel de la science à son état futur, à celui où, comme nous l'annonçons, nous avons obtenu, pour ce grand problème, la génération théorique elle-même des racines des équations.

tiques ne lui paraîtra résolue, que lorsqu'elle sera déterminée par ce principe unique, qui seul sera en droit de départir une certitude absolue. Et c'est précisément cette subordination universelle et explicite de la science à son principe absolu, qui formera l'objet de la NOUVELLE ET DERNIÈRE ÈRE DES MATHÉMATIQUES, de cette ère finale, correspondant à l'ère absolue de l'humanité, qui, par la suprématie de l'unité absolue du principe et de la constitution absolue de la science, en vertu de la loi de création, devra actuellement servir de modèle au développement pareil du savoir humain tout entier.

Ainsi, le XXe et le XXIe problèmes messianiques, qui demandent la CONSTITUTION PÉREMPTOIRE des sciences et leur LÉGISLATION ABSOLUE, sont déjà complètement résolus par rapport aux sciences mathématiques, c'est-à-dire, par rapport à la plus grande des sciences que l'homme ait pu concevoir. Nous offrons donc, par notre réforme des mathématiques, qui remplit rigoureusement toutes les conditions de ces difficiles problèmes, la plus haute garantie scientifique de la doctrine du messianisme, en portant tout à coup, par les moyens infinis de cette doctrine absolue, le calcul ou ce que l'on nomme vulgairement l'analyse mathématique à son dernier accomplissement, à ce point idéal qu'à peine les géomètres peuvent concevoir aujourd'hui même que nous l'avons déjà fixé positivement. Cette impossibilité de leur part est constatée, d'une manière authentique, par le rapport de Lagrange à l'Institut de France, où cet illustre géomètre, tout en manifestant la « surprise » que lui a causée une telle découverte, avoue et prouve ne pouvoir en saisir toute l'étendue.

Mais, à cette haute garantie mathématique, nous pouvons, dès à présent, joindre une autre garantie scientifique, non moins élevée et peut-être même plus décisive encore. En effet, dans ce prodrome du messianisme, nous venons de constituer péremptoirement la SCIENCE DE L'HISTOIRE, et de lui donner une législation absolue, conformément à ce que demandent le XXe et le XXIe problèmes messianiques. Comme plus haut dans les sciences mathématiques, nous avons aussi ramené la science de l'histoire à une seule loi universelle, formant la LOI SUPRÊME de cet ordre du savoir humain. Et cette loi unique, si importante pour les destinées de l'homme, et par conséquent pour le but final de toute la création, est cette auguste LOI DU PROGRÈS de l'espèce humaine, que nous venons ici de dévoiler aux hommes, et dont ils ne se doutaient même pas encore.

La doctrine du messianisme constituera de même, d'une manière péremptoire, toutes les autres sciences, et leur donnera également leur législation absolue, en les ramenant chacune à une seule loi universelle. — Nous pouvons annoncer qu'aussi surprenantes que paraissent être, dans les sciences mathématiques et dans la science de l'histoire, les lois que nous venons de leur reconnaître, aussi peu attendues sont celles que le messianisme doit assigner aux autres sciences (*).

En terminant ici l'exposé de cette garantie scientifique du messianisme, nous devons ajouter que, dans leur disposition providentielle de servir de modèle ou de type au savoir humain, les mathématiques, ramenées à la législation philosophique que nous venons de leur donner, ont dévoilé, dans leur développement par la loi de création, TROIS BASES DISTINCTES pour la construction architectonique de tout système du savoir humain. — Ces bases sont les suivantes :

1° LA LOI SUPRÊME que nous venons de signaler, et qui, d'après son nom, doit être la base première de tout édifice scientifique ou philosophique. — C'est là, dans toute branche du savoir humain, le principe universel de vérité, l'origine de cet ordre de réalité créée, indépendamment de l'influence de l'homme.

2° LE PROBLÈME UNIVERSEL, qui découle nécessairement de la loi suprême, de ce principe premier, mais qui, comme une autre base spéciale, sert à fonder l'ensemble des réalités non accomplies de cet ordre de création. — C'est là, dans chaque branche du savoir humain, l'accomplissement de la création par l'homme; accomplissement qui, en introduisant dans l'univers des réalités nouvelles ou non existantes, décèle la faculté créatrice de la raison de l'homme, et, par là même, sa haute vocation sur la terre.

3° LE CONCOURS TÉLÉOLOGIQUE, dont l'origine paraît mystérieuse, mais qui, comme une base providentielle, sert à établir l'harmonie dans tout système de réalités créées, et par conséquent, à introduire une unité d'accord entre les élémens hétérogènes de ce système de réalités. — C'est là, dans toute branche du savoir humain, la couronne de la création, l'œuvre sublime de l'intelligence du Créateur, qui suffirait seule, à défaut de toute autre manifestation de sa spontanéité absolue, pour dévoiler sa sainte existence.

Cette TRICHOTOMIE ARCHITECTONIQUE est donc le caractère de la construction absolue de tout système de réalités, formant l'objet d'une branche distincte du savoir humain, scientifique ou philosophique. — Nous l'avons reconnue positivement dans la réforme que vient de subir la grande science du géomètre. En effet, d'abord, la loi suprême fut déjà indiquée dans notre *Philosophie des Mathématiques*, et elle fut définitivement établie, d'une manière irréfragable, dans la première section de la *Philosophie de la Technie*; ensuite, le problème universel fut déduit de cette loi suprême dans la même section technique, et sa solution absolue avait déjà été donnée, par anticipation, dans notre *Réfu-*

(*) C'est surtout dans les sciences médicales, concernant la vie et ses atteintes morbifiques, que les lois absolues diffèrent beaucoup de celles que l'on croit y avoir aperçues. — Nous nous bornerons ici à un seul exemple, en annonçant que certaines maladies, telles que le *cholera morbus progressif*, tiennent à une polarisation spéciale du sol de la terre, et suivent naturellement les progrès de cette polarisation géogénique. Nous en avons ainsi prévu la marche, et nous pouvons en prédire les progrès ultérieurs, contre lesquels, comme on le voit, les cordons sanitaires ne sauraient être un obstacle.

tation de la Théorie des fonctions analytiques, pour montrer que le grand théorème de Lagrange n'en est qu'un cas très particulier; enfin, le concours téléologique fut signalé dans notre *Philosophie des Mathématiques*, pour dévoiler le sens spécial et en quelque sorte mystérieux de ce que les géomètres nomment *théorie des nombres*. Quant à la loi générale qui régit ce concours téléologique, elle consiste dans la résolution générale des équations de congruence de tous les genres; et cette résolution est également découverte : c'est elle que, dans l'Épître aux Souverains de l'Europe, qui est annexée à notre *Prospectus*, nous offrons, au nombre des solutions de tous les grands problèmes de la science, comme garantie définitive du messianisme (*).

C'est ici le lieu de rappeler cette solution des grands problèmes de la science, que nous avons obtenue effectivement par les moyens puissans de la réforme des mathématiques, et que nous offrons de donner au public. — Ainsi, comme nous venons de le dire, la *résolution générale des équations de congruence de tous les genres*, nous a été donnée par le concours téléologique, formant, dans la science du géomètre, la troisième loi de sa trichotomie absolue; et pour ce qui concerne la *résolution générale des équations de tous les degrés*, et l'*intégration générale des équations de tous les ordres*, elles dérivent immédiatement, l'une et l'autre, de notre problème universel, formant la seconde loi de cette trichotomie. Quant à la loi suprême, formant la première loi de cette même trichotomie mathématique, elle produit, comme nous l'avons rappelé plus haut, l'établissement de la MÉTHODE SUPRÊME, à laquelle, d'après ce que nous y avons fait remarquer, la solution d'aucun problème ne saurait plus échapper. Et en effet, nous devons prévenir ici que c'est précisément par l'application de cette méthode suprême que nous sommes parvenus à la solution des grands problèmes des mathématiques appliquées; solution qui se réduit ainsi systématiquement aux chefs suivans : 1° La *construction mécanique de la matière*, où est découverte la vraie *théorie de l'équilibre des fluides*, par laquelle on reconnaît que celle que les géomètres ont eue jusqu'à ce jour, est tout-à-fait erronée. 2° La *construction mécanique des corps célestes* et spécialement de la *terre*, où l'on découvre que les théorèmes de Newton, de Huyghens, et de Clairault sont faux, et par conséquent que le SYSTÈME MÉTRIQUE de la France, qui est fondé sur cette fausse théorie, n'a aucune valeur absolue. 3° La

---

(*) Cette résolution des grands problèmes des sciences mathématiques, telle que nous l'offrons dans la susdite Épître aux Souverains, est accomplie depuis plus de quinze ans. — Des influences de sectes mystiques et de corporations scientifiques, de ces ennemies nées de la vérité, en ont empêché la publication, et ont même arrêté tout-à-fait la production définitive de la réforme des mathématiques. — Peut-être, si l'auteur de ces travaux appartenait à une nation indépendante, ou si du moins le gouvernement qui règne sur sa nation, pouvait, par ses délégués, apprécier de si hautes vérités, les obstacles que nous venons de signaler, quelque formidables qu'ils soient, pourraient être surmontés avec de grandes protections! — Nous le disons ici au public, afin qu'il sache par quels motifs ces productions scientifiques, ni même leurs nombreuses et hautes applications, n'ont pu être données au monde.

construction mécanique de l'univers, où des lois entièrement nouvelles sont données à la mécanique céleste, tout à la fois, et d'après les nouveaux principes algorithmiques qui sont fixés à la fin de la première section de la Philosophie de la Technie, et d'après de nouveaux principes dynamiques qui dévoilent enfin la détermination absolue du SYSTÈME DU MONDE (*).

Ainsi, non-seulement la trichotomie architectonique se trouve complètement établie par notre réforme des mathématiques, mais encore, comme il faudra l'obtenir dans toutes les sciences, la solution de tous les grands problèmes se trouve ici déduite uniquement des trois lois qui forment cette trichotomie absolue.

Bien plus, par la haute philosophie de l'histoire, que nous venons de dévoiler dans le prodrome présent, cette même trichotomie architectonique se trouve aussi établie positivement. — En effet, LA LOI SUPRÊME, comme nous l'avons déjà dit, est ici la loi du progrès; le PROBLÈME UNIVERSEL est le développement final de l'humanité, opéré par sa propre spontanéité, dans l'ère des buts rationnels ou absolus; et le CONCOURS TÉLÉOLOGIQUE est le développement initial de l'humanité, opéré par la finalité de la terre, dans l'ère des buts physiques ou relatifs.

En général, dans la législation absolue de toutes les sciences, le messianisme fixera partout cette trichotomie architectonique de leurs systèmes respectifs, telle qu'elle résulte universellement de la loi de création elle-même, dont elle est, en quelque sorte, une des parties constituantes. Aussi, avant même de connaître cette loi créatrice, peut-on déjà considérer la trichotomie mathématique que nous venons de signaler, et qui offre l'expression la plus précise de cette construction de tout savoir systématique de l'homme, comme étant la partie principale de ce prototype du savoir humain que les sciences mathématiques doivent former dans leur constitution absolue, résultant de la réforme philosophique que le messianisme vient de leur faire subir irrévocablement. Et nous-mêmes, en considérant la haute expression de cette trichotomie mathématique, nous l'adoptons pour EMBLÈME DU MESSIANISME, en remarquant ici que c'est précisément l'idéal de cette trichotomie du savoir humain qu'ont cherché

(*) Voici le PRINCIPE FONDAMENTAL de ce système absolu du monde. — En considérant deux astres dans leur mouvement relatif et indépendant des autres corps célestes, la vitesse acquise par la somme de leurs gravitations réciproques, accumulées pendant que leur rayon vecteur parcourt un angle donné, est constamment, par rapport à la vitesse moyenne de leur mouvement relatif, dans la même analogie dans laquelle se trouve cet angle donné par rapport à l'angle dont l'arc est égal au rayon du cercle. — De cette manière, la nouvelle mécanique céleste, en outre de l'avantage qu'elle aura d'offrir la solution de tous ses problèmes, présentera celui d'être fondée sur un principe rationnel *à priori*, car tel est le principe que nous faisons connaître; et non sur un principe purement empirique ou *à posteriori*, comme elle l'est jusqu'à ce jour, en n'ayant pour base que la loi newtonienne. — C'est à l'occasion de cette nouvelle mécanique céleste, et spécialement de la nouvelle théorie lunaire, que l'auteur éprouva, de la part du Bureau des Longitudes de Londres, la spoliation qui fut alors constatée légalement.

à réaliser tous ceux qui ont voulu introduire de pareilles divisions trinitaires dans leurs considérations, philosophiques ou religieuses.

Aujourd'hui que cette trichotomie architectonique, ou cette TRINITÉ MESSIANIQUE, si l'on veut nous permettre de la nommer ainsi, se trouve rigoureusement déterminée, surtout par la fixation précise que nous venons d'en donner dans le savoir mathématique, nous pouvons enfin réaliser ici ce grand idéal des hommes, tout à la fois, et dans la philosophie absolue et dans la religion absolue, telles qu'elles forment les attributions spéciales du messianisme. Voici cette réalisation. — Dans la philosophie absolue, la loi suprême est L'ABSOLU lui-même, comme principe inconditionnel de toute réalité; le problème universel est la CRÉATION PROPRE de l'homme; et le concours téléologique est la solution du MYSTÈRE DE LA LOI DE CRÉATION, où doivent être dévoilées, dans leur opposition, la fatalité et la liberté, l'universalité et l'individualité, en un mot, tous les écueils philosophiques contre lesquels la raison spéculative de l'homme venait échouer constamment. Dans la religion absolue, la loi suprême est le DOGME DU VERBE, en Dieu et en l'homme, comme virtualité créatrice; le problème universel est la FINALITÉ DU PRÉCEPTE MORAL dans la régénération spirituelle de l'homme; et le concours téléologique est la solution du MYSTÈRE DE LA CHUTE DE L'HOMME, où doivent être dévoilés, dans leur opposition, la grâce et le mérite, la rédemption et le propre salut, en un mot, tous les écueils religieux contre lesquels la raison pratique de l'homme venait échouer à son tour.

Lorsque l'union antinomienne sera constituée sur la terre, nous lui transmettrons, comme un dépôt sacré, la solution de ces grands problèmes, autant qu'elle est nécessaire pour l'accomplissement des destinées absolues de l'être raisonnable, dans la dernière ère de l'espèce humaine, c'est-à-dire, nous lui transmettrons, en général, la solution des deux augustes problèmes, la DÉCOUVERTE DE LA VÉRITÉ, et l'OBTENTION DE L'IMMORTALITÉ, qui seront, pour l'homme, les objets de la sixième et de la septième périodes de son existence dans ce monde. Et alors, l'union antinomienne pourra déchirer le voile d'Isis et effacer, de son temple de Saïs, la terrible inscription :

Ἐγώ εἰμι πᾶν τὸ γεγονὸς, καὶ ὄν, καὶ ἐσόμενον,
Καὶ τὸν ἐμὸν πέπλον οὐδεὶς πω θνητὸς ἀπεκάλυψεν.

FIN DU PRODROME DU MESSIANISME.

TRICHOTOMIE ARCHITECTONIQUE

DES DESTINÉES DE L'HUMANITÉ,

FIXÉES DANS LE PRODROME DU MESSIANISME.

A) Buts *individuels* de l'humanité ; règne des *patriarches*. = Temps des traditions.

B) Buts *universels* de l'humanité ; règne des *peuples*. = Temps de l'histoire.

I. — CONCOURS TÉLÉOLOGIQUE DE L'HISTOIRE.

1°) Ère des buts *physiques* ou *relatifs*. = Finalité dans la création de l'homme.

a) Buts *corporels* :

α) But *positif* ; bien-être corporel ou de sentiment = Première période (But sensuel).

β) But *négatif* ; sûreté publique ou garantie de la justice par la politique. = Deuxième période (But moral).

b) Buts *spirituels* :

α) But *négatif* ; moralité publique ou garantie de la sainteté par la religion. = Troisième période (But religieux).

β) But *positif* ; bien-être spirituel ou de cognition. = Quatrième période (But intellectuel).

II. — LOI SUPRÊME DE L'HISTOIRE.

2°) Ère des buts *transitifs*. = Établissement de la loi du progrès.

a) Réunion des deux buts *passifs* de la 1ère et de la 3ème périodes ; développement du *bien* ; but du parti *illibéral*.	=	Cinquième période (Antinomie sociale).
b) Réunion des deux buts *actifs* de la 2ème et de la 4ème périodes ; développement du *vrai* ; but du parti *libéral*.		

III. — PROBLÈME UNIVERSEL DE L'HISTOIRE.

3°) Ère des buts *rationnels* ou *absolus*. = Accomplissement de la création de l'homme.

a) But du *vrai absolu* ; principe inconditionnel de toute réalité, consistant dans l'identité primitive du savoir et de l'être. = Sixième période (Découverte de la vérité).

b) But du *bien absolu* ; régénération spirituelle ou création propre de l'homme, consistant dans la réalisation du verbe dans l'homme. = Septième période (Obtention de l'immortalité).

Nota. — *On joindra, au Prodrome du Messianisme, un Tableau systématique de ces destinées de l'humanité, où seront réunis tous les caractères distinctifs de leurs sept périodes.*

CARACTÈRES COMPLÉTIFS

DU CONCOURS TÉLÉOLOGIQUE OU DE LA FINALITÉ DANS LA CRÉATION DE L'HOMME.

Dans la première période, pour ennoblir le bien-être corporel ou de sentiment, qui fut alors son but dominant, l'homme développa le SENTIMENT MORAL, et le réalisa, d'une manière positive, dans ses relations de sexe, de famille, et de société. Ce sentiment supérieur lui révéla le problème du PRÉCEPTE MORAL; problème qu'il ne put établir sans admettre que sa propension au mal était la suite d'une *chute morale*. Mais, il ne put alors concevoir la solution de ce problème d'aucune autre manière qu'en considérant le précepte moral comme un *commandement* du Créateur, et l'obéissance à ce commandement comme le moyen de sa *réhabilitation* dans l'état primitif de béatitude, qui postule l'immortalité. — Ainsi, cette *première révélation divine*, constituant le THÉISME ou la RELIGION PRIMITIVE des hommes, qui établissait Dieu législateur suprême, et qui le douait alors naturellement de triples attributions séparées, à l'instar de la *trichotomie* impliquée dans une législature humaine, conduisit, dans cette première période, au *gouvernement théocratique*, et par conséquent à la division *hiérarchique* de la société en castes distinctes. — C'est à cette première révélation divine, appartenant, avec plus ou moins de clarté, à tous les grands peuples de l'antiquité, en tant qu'elle établit le *problème du précepte moral*, qu'il faut, en principe, rapporter surtout la révélation de Moïse, telle qu'elle forme pour nous l'Ancien-Testament. Et c'est dans l'espèce de contradiction logique qui se trouve entre la *nécessité spéculative* du bien, résultant de la considération du précepte moral comme commandement du Créateur, et l'*impossibilité pratique* du bien, résultant de l'effectivité de la chute morale, que s'établirent d'abord les MYSTÈRES du théisme ou de cette religion primitive des hommes.

Dans la deuxième période, pour fonder rationnellement, pour légitimer aux yeux de l'homme, la justice, qui fut alors le but dominant, l'humanité, en cherchant à résoudre le susdit problème du précepte moral par une détermination rationnelle du devoir, développa en elle la RAISON PRATIQUE, et la réalisa aussi, d'une manière positive, dans ses dévouemens héroïques à la justice, par les privations, les sacrifices et les combats, en leur attribuant le caractère de devoir ou d'obligation morale. Et cette raison pratique rendit l'homme conscient de sa *spontanéité morale*, c'est-à-dire, de la faculté créatrice qui est impliquée dans sa raison, du moins pour tout ce qui concerne la détermination de sa volonté ou de ses actions. Par là même, l'homme reconnut dès-lors la *nécessité pratique*, l'obligation morale que lui imposait sa propre raison, de vaincre en lui sa propension au mal, dont il devenait lui-même l'arbitre absolu. — Ainsi, cette *première création humaine*, constituant la MORALE, considérée comme PHILOSOPHIE PRATIQUE, qui rend l'homme arbitre et juge de ses actions, conduisit, dans cette deuxième période, au *gouvernement politique*, et par conséquent à la subordination *aristocratique* des classes de la société, dans toutes les formes progressives, depuis la monarchie jusqu'à la république. — C'est à cette première création humaine qu'ont concouru tous le travaux philosophiques de l'antiquité, d'abord incomplètement, chez chacun des grands peuples susdits, qui ont ainsi cherché à s'élever de la première à la seconde période, et enfin complètement chez les Grecs, dont le dernier fruit philosophique, le socratisme, c'est-à-dire, la philosophie pratique de Socrate, développée par Platon et Aristote, amena la *solution ra-*

tionnelle du problème du précepte moral, et constitua ainsi positivement la morale comme œuvre de la raison de l'homme, avec abstraction de tout commandement du Créateur.

Dans la troisième période, pour attacher un motif à la pureté des maximes morales, qui fut le but dominant de cette période historique, l'homme, en cherchant alors un refuge en Dieu, développa le SENTIMENT RELIGIEUX, et le réalisa positivement dans l'exercice de la vertu envers soi-même, de la piété envers le Créateur, et de la charité envers les autres hommes. Ce sentiment religieux, en pénétrant dans la réalité intime de l'homme, lui révéla le problème du VERBE, problème qu'il ne put établir sans admettre que l'aveu spontané de ce verbe intérieur porte en lui la *rédemption* de la chute morale. Mais, il ne put alors concevoir la solution de ce problème d'aucune autre manière qu'en supposant que cette réalité intime, qui lui est accusée par le verbe, et qui forme son existence absolue, c'est-à-dire, son *immortalité*, doit être l'*ouvrage* du Créateur. — Ainsi, cette *deuxième révélation divine*, constituant le CHRISTIANISME ou la RELIGION DÉVELOPPÉE, qui établit Dieu dispensateur de l'immortalité, d'après le *jugement du Fils* ou du *verbe*, et par conséquent rémunérateur des actions des hommes, conduisit, dans cette troisième période, à l'établissement du règne de Dieu sur la terre, c'est-à-dire, à l'institution sociale de l'*Église* (contrat spirituel), où tous les membres sont égaux devant un tel souverain, et où ils doivent être rémunérés uniquement d'après leur mérite personnel. — C'est à cette deuxième révélation divine, appartenant spécialement aux chrétiens, en tant qu'elle établit le *problème du verbe*, qu'il faut, en principe, rapporter toute la révélation de Jésus, telle qu'elle forme pour nous le Nouveau-Testament. Et c'est dans l'espèce de contradiction logique qui se trouve ici entre la *nécessité pratique* du bien, résultant de l'admission nécessaire de ce que l'aveu spontané du verbe en nous forme la rédemption de la chute morale, et l'*impossibilité spéculative* du bien, résultant de la considération de l'immortalité dans l'homme comme étant un ouvrage indépendant de lui, c'est-à-dire, l'ouvrage du Créateur, que s'établirent, à leur tour, les MYSTÈRES du christianisme ou de cette religion développée.

Enfin, dans la quatrième période, pour donner de la réalité au savoir, par son caractère de certitude, qui fut le but dominant de cette dernière période historique, l'humanité, en cherchant, du moins implicitement, à résoudre le susdit problème du verbe par une détermination rationnelle de la réalité, développa en elle la RAISON SPÉCULATIVE, et la produisit aussi, d'une manière positive, dans les régions physiques ou temporelles de la réalité, c'est-à-dire, sous les conditions du temps sous lesquelles seules l'homme put d'abord la saisir rationnellement. Et ce premier éveil de la raison spéculative laissa déjà entrevoir à l'homme, quoique très faiblement, sa *spontanéité absolue*, c'est-à-dire, la toute puissante faculté créatrice de sa raison dans la production de toute réalité, non seulement morale, mais de plus spéculative. Par là même, l'homme acquit dès-lors, mais malheureusement sans qu'il s'en doutât encore, les facultés et les forces qui lui seront nécessaires, dans la cinquième période, pour s'élever des régions temporelles aux régions absolues où, dans les périodes ultérieures, il devra accomplir ses destinées. — Ainsi, cette *deuxième création humaine*, constituant la SCIENCE, considérée comme anticipation sur la PHILOSOPHIE SPÉCULATIVE, qui investit l'homme du pouvoir de scruter la réalité, et même déjà de celui de la transformer à sa guise, conduisit, dans cette quatrième période, à l'établissement du règne de la raison sur la terre, c'est-à-dire, à l'institution sociale de la *Charte* (contrat politique), formant le gouvernement constitutionnel, où l'on reconnait, en principe, le droit de l'homme de manifester librement sa pensée, et celui d'être l'égal de tout autre homme devant la loi, qu'il peut, dans un tel développement de sa raison, discuter et produire lui-même. — C'est à cette deuxième création humaine qu'ont concouru tous les travaux des philosophes modernes, depuis Bacon et Descartes, jusqu'à Leibnitz et Hume; et ce sont ces travaux qui, par le développement simultané de la philosophie empirique et de la philosophie rationnelle, ont cherché à constituer la science, et ont ainsi préludé à la *solution rationnelle* du problème du verbe, en établissant, par la certitude des sciences, la preuve au moins de la validité temporelle ou physique de la raison de l'homme, et en ouvrant ainsi la voie à la philosophie spéculative, fondée par Kant ou plutôt après lui, et destinée, dans son dernier développement, où elle formera la philosophie absolue, à donner, en toute réalité, cette haute solution rationnelle du problème du verbe qui devra accomplir les fins augustes de la création des êtres raisonnables.

Toutefois, cette réalité physique ou temporelle que, hors de son individuelle intimité, l'homme put saisir, par sa raison, dans la quatrième période de ses progrès, non-seulement resta à une distance infinie de la réalité hyperphysique ou absolue du verbe, que, dans son intime existence, il avait saisi, par le sentiment, lors de la troisième période de son développement, mais de plus cette double réalité, temporelle et absolue, s'établit en opposition réciproque, ou en une espèce de contradiction logique, aux yeux mêmes de la raison, qui reconnaissait l'une et l'autre de ces manifestations de la réalité. En effet, la raison reconnait, d'une part, la réalité temporelle du monde, par l'expérience, qui forme, sous des conditions physiques, une application médiate de la raison à ce qui n'est pas elle-même, et de l'autre part, la réalité absolue du verbe, par une révélation intérieure, c'est-à-dire, par le sentiment religieux, qui forme, sous des conditions hyperphysiques, une application immédiate de la raison à elle-même, et cependant, ces deux réalités, temporelle et absolue, se sont constituées, de plus en plus clairement, dans une espèce d'opposition ou même de contradiction logique. — Il en résulta progressivement, vers la fin de la quatrième période de l'humanité, une antinomie de la raison humaine, de plus en plus prononcée, et une correspondante ANTINOMIE SOCIALE, c'est-à-dire, un partage du monde civilisé en deux partis politiques, revendiquant, avec toutes leurs conséquences morales, l'un, la suprématie du droit de la raison dans l'établissement de la réalité physique ou temporelle, et l'autre, la suprématie du droit divin dans l'établissement de la réalité hyperphysique ou absolue. Enfin, lorsque cette antinomie sociale se trouva complètement développée, surtout par l'influence violente de la révolution française, l'antagonisme des deux partis politiques, de celui du droit humain et de celui du droit divin, renversant, tour à tour, les buts respectifs de ces partis, priva l'humanité de tout but dominant, et la jeta ainsi, pour la première fois, dans une période critique de son développement ultérieur; période dont le caractère distinctif est L'ABSENCE DE TOUT BUT UNIVERSEL de l'humanité, c'est-à-dire, l'absence d'un but qui soit reconnu généralement par tous les hommes. — C'est donc dans cette cinquième et critique période de ses progrès ultérieurs que l'humanité entre actuellement : nous en avons déjà fixé, dans ce prodrome du messianisme, tout à la fois, et les périlleux écueils, contre lesquels l'humanité se trouve poussée par d'infernales influences, et l'issue glorieuse, à laquelle, dès aujourd'hui, doit la conduire l'union antinomienne des hommes supérieurs, destinée à remplacer le concours téléologique ou la finalité dans notre création, qui vient de nous abandonner entièrement.

ERRATUM ESSENTIEL.

Page [illegible], *ligne* 9; le principe moral considéré comme
lisez, le précepte moral considéré comme

FORMULE DE LA DECLARATION

DES MEMBRES DE L'UNION ANTINOMIENNE.

Je soussigné déclare faire partie de l'Union antinomienne par la conviction que j'ai, d'une part, que le but de cette Union, tel qu'il est déterminé dans le Prodrome du Messianisme, est urgent pour l'humanité, et de l'autre, qu'il n'existe, dans son état actuel d'émancipation, aucun autre moyen d'atteindre ce but sacré, c'est-à-dire, d'accomplir au même degré la religion et la philosophie, les conditions éternelles et les conditions temporelles de l'homme; en conservant d'ailleurs, comme une obligation morale, tout le respect qui est dû aux lois existantes, politiques et religieuses. — Ainsi, puisque la solution de l'actuelle antinomie sociale n'est possible que par la détermination exacte du PROBLÈME DES DESTINÉES DE L'HOMME, je reconnais en même temps, d'après le susdit Prodrome, que le but ultérieur de l'Union antinomienne est l'unique réalisation possible de nos destinées sur la terre, et par conséquent que mon accession à cette Union est une haute nécessité, tout à la fois, et morale et religieuse, un devoir impératif pour tout être raisonnable, dont l'accomplissement peut seul constituer aujourd'hui la dignité humaine.

AVIS.

Dans le *Prospectus du Messianisme*, on a annoncé que cette doctrine serait publiée progressivement par petites livraisons de deux à cinq feuilles. Désirant aujourd'hui donner une plus grande étendue à cette production, nous prévenons que la doctrine du messianisme sera publiée par tomes séparés, de dix à vingt feuilles d'impression, sous la forme sous laquelle paraît ici le premier tome de cette doctrine. Quant aux époques auxquelles paraîtront ces tomes progressifs de la doctrine du messianisme, nous pouvons assurer que leur production aura lieu dans le plus court intervalle possible. Mais, ils ne seront destinés qu'à l'exposition de la doctrine elle-même, sans prendre aucune part directe aux diverses unions antinomiennes qui pourront s'établir d'après cette doctrine.

Cependant, pour éclaircir ces grandes questions au public, et pour redresser, suivant ces vues nouvelles, de fausses directions, politiques et religieuses, ainsi que pour répondre aux consultations, orales et écrites, telles qu'elles seront produites dans le sein de l'union antinomienne qui est déjà fondée, il paraîtra, sous le titre de *Bulletin de l'Union antinomienne*, une feuille, d'abord, deux fois par mois, et ensuite, plus fréquemment, d'après le besoin croissant de cette publication.

Les prix de vente et de souscription demeurent tels qu'ils sont fixés dans le *Prospectus*. — Et le dépôt principal de ces publications sera aux bureaux de l'UNION ANTINOMIENNE, à Paris, rue Montmartre, nº 164, et rue Bellefond, nº 5 (faubourg Poissonnière), où doivent être adressées, franc de port, les demandes et les lettres.

Les libraires où se trouveront des dépôts, sont :

A Paris,

MM. TREUTTEL ET WURTZ, RUE DE BOURBON, Nº 17;

Et dans l'Etranger,

TOUS LES PRINCIPAUX LIBRAIRES.

www.ingramcontent.com/pod-product-compliance
Ingram Content Group UK Ltd.
Pitfield, Milton Keynes, MK11 3LW, UK
UKHW012049240726
13965UKWH00003B/1158